いじめサインの見抜き方

加納寛子

金剛出版

はじめに

　「いじめられて死にたい」というネット上の真剣な書き込みに対し、「いつ死ぬの？」「死ぬならさっさと死ねば」「死にたいと書き込んでいて、まだ死んでないみたいだね」「こういうの死ぬ死ぬ詐欺っていうんじゃない？」「死に方わかんないなら教えてあげようか」というような書き込みを見かけると、とてもいたたまれない気持ちになる。

　いじめに耐えられなくなり、自殺を唯一の解決方法に選ぶ子どもが後を絶たない。その背後には、勇気を振り絞って教師に訴えても「思い過ごしではないか、もう少し様子を見てみよう」と言われた、恐喝されたと教師に訴えると恐喝した生徒を呼んで「ごめんなさい」の謝罪一言で済まされた、など、教師や身近な大人にいじめを訴えても本質的な解決に至らなかった場合も少なくない。いじめが初期の段階であれば、加害者に謝罪させることはいじめ解決に効果がある。しかし、いじめがかなり深刻化しエスカレートした段階で、加害者に謝罪をさせると、表向きは謝罪するが、「ちくった」などとこれまで以上にいじめがひどくなり、暴行の末、半殺し状態に至らしめたり、自殺に追い込んだりする。いじめがどの程度エスカレートしている段階で訴えてきたのかを十分見極めてから、判断する必要がある。

　いじめられっ子にとって、いじめられていることは隠しておきたいものだ。安易な気持ちで適当に「いじめられた」などとは口にしない。実際、2013年1月～2月東京都教育委員会が都内の公立学校の児童生徒9,300人を対象に実施した調査によれば、いじめられた経験がある都内の公立学校の児童生徒のうち、「誰にも相談しなかった」と答えた児童生徒が45％であり、

いじめを受けたのに誰にも相談しなかった児童生徒のうち，相談しなかった理由として，「被害が悪化する」75％，「誰かに言っても解決しない」56％と回答している状況である。

　度重なるいじめに耐えかねて，重い口をようやく開くのである。我慢の限界に達して訴えているのである。とっくに様子を見る期間は過ぎている。訴えを聞いたら即座の対応が必要である。多くのいじめは，無視をする，仲間はずれにするなどの軽度ないじめに始まり，徐々に暴力や恐喝などのもはやいじめとは呼べない犯罪の領域に到達するのである。

　恐喝や暴行は，正しく分類すれば，いじめではない。犯罪である。犯罪といじめは明確に区別して対応をする必要がある。犯罪をどう裁くべきかは周知のとおりである。恐喝や暴行は，学校内のみで解決できる問題ではない。昼休みに高いところから飛び降りるように強要され，仕方なく飛び降りたところ，けがをしたため保健室で手当を受けて，放課後になり家の人に迎えに来てもらい病院に行き骨折していたことがわかったという事例を聞いたことがある。昼休みの段階でなぜ保健室での手当だけで済ませてしまったのか，迅速に病院へ連れて行かなかったのか疑問である。けがをしていれば病院，金品を脅し取られていれば警察等，適切な学校外の機関との連携が必要不可欠である。殴る蹴るの暴行を加えた末，被害者に大けがを負わせたり，植物状態になってしまったにもかかわらず，「プロレスごっこをしていた」「互いの言葉の行き違いからけんかになった」など，加害者側からの一方的ないいわけがまかり通り，ほとんど謝罪がないか一言の謝罪のみで，警察に届けることなく，加害者は平然とこれまでどおりに授業を受けていたという事例もある。

　いじめがエスカレートして犯罪に至る場合もあるため，いじめをエスカレートする前に発見し，犯罪に至らないようにすることが必要だ。某テレビニュースで生徒による暴力事件に関する報道の中で「犯罪がいじめに発展する可能性もある」という文言を聞き，大変違和感を覚えたことがある。犯罪といじめは区別する必要がある上，犯罪がいじめに発展するということは非

常に考えにくい。

　人間の特性を鑑みると，残念ながら，いじめをなくすことはできない。もっとも理性的な判断と行動が完璧に行える大人の集団であれば，いじめをゼロにすることは可能であるが，幼稚で未熟な子どもの集団では，いじめをゼロにすることを求めることには無理がある。しかし，いじめを早期発見すれば，いじめがエスカレートすることを阻止することはできる。

　本書は，仲間はずれにされたり，本人の知らないところで悪口が言われているなどの初期段階で「いじめ」をどう発見するかについて焦点を当てた書である。いじめは初期ほど解決が早いにもかかわらず，初期段階で教師や親に訴える子どもはほとんどいないといっても過言ではない。普段の行動やそぶりを観察することにより，いじめの早期発見につながる。そこで，本書では，現代的いじめの特徴を述べ，どう子どものいじめのサインを見抜くのかについて解説する。

目　次

はじめに ……………………………………………………………………………… 3

第1部　現代的いじめの特徴

第 1 章　いじめは常時起きている ………………………………………… 11
第 2 章　KS（既読スルー）──いじめを助長するソーシャルメディア──
　　　　 ……………………………………………………………………… 16
第 3 章　被害・加害のハードル …………………………………………… 20
第 4 章　スマートフォンやインターネット利用に制限をかけても
　　　　 解決しない ………………………………………………………… 22
第 5 章　ネット依存──過渡期には摩擦がつきもの── ……………… 31
第 6 章　暇つぶし …………………………………………………………… 37
第 7 章　リゾーム的に増殖するネットいじめ …………………………… 42
第 8 章　エンターテインメント化するネットいじめ …………………… 58
第 9 章　嘘が真実となる瞬間──スリーパー効果── ………………… 65
第10章　ネット上のデマが信頼されやすい理由
　　　　 ──ランチョン・テクニック── ……………………………… 71
第11章　匿名性の是非 ……………………………………………………… 76
第12章　仮想世界でのいじめ問題 ………………………………………… 80
第13章　子どもよりひどい大人のいじめ ………………………………… 84
第14章　誰にでもルサンチマンはある …………………………………… 89
第15章　現代的傍観者 ……………………………………………………… 94

第2部　いじめのサインの見抜き方

第16章　いじめを見つける鍵のありか　101
第17章　机の観察からいじめのサインを見つける　105
第18章　持ち物からいじめのサインを見つける　109
第19章　表情や言動からいじめのサインを見つける　113
第20章　SNSからいじめのサインを見つける　117
第21章　ネットいじめ　122

第3部　早期発見のための対策

第22章　いじめグループに誘われたら？　131
第23章　警察への通報　134
第24章　ネットいじめ発見の限界　138
第25章　いじめに関する法律　141
第26章　いじめ早期発見のための対策　148
第27章　多元的いじめの分類と対処法　156
第28章　ネットいじめの分類と対処法　159

付　録　いじめサインを見つけるためのフローチャートとワークシート　167
索　引　191

第1部
現代的いじめの特徴

第1章

いじめは常時起きている

　滋賀県大津でのいじめ事件や山形県の高畠や天童でのいじめ事件では，いじめが起きたかどうかが争われた。被害者が他界した後に広く知られるようになった事件であるため，実際のところ，真相は闇の中である。しかしながら，いじめが起きたか否かで係争することはナンセンスである。おそらく99％いじめが起きていたに違いない。亡くなった人に確認することはできないが，根拠はある。

　「いじめ追跡調査　2010-2012　平成25年7月　国立教育政策研究所　生徒指導・進路指導研究センター　6月末・11月末　小4～中3」によれば，いじめの被害経験のない児童生徒は，たったの1割程度にすぎない。9割の子どもはいじめ被害を経験しているのである。加害経験についても同様で，およそ9割が加害経験を持つ（図1-1参照）。つまり多数の子どもがいる中で，無作為に一人抽出した場合，いじめを受けた子どもである可能性は90％なのである。無作為抽出において，いじめの経験のない子どもは10％にすぎないのである。何の文脈もなく，一人抽出した子どもが，いじめの被害者である可能性が非常に高い状況において，いじめを示す兆候が見られ自殺したならば，いじめを受けていたことはほぼ間違いない。

　文部科学省による調査によれば，2012年度に全国の小中高校などが把握したいじめは前年度の2.8倍の19万8,108件であり，過去最高であったこ

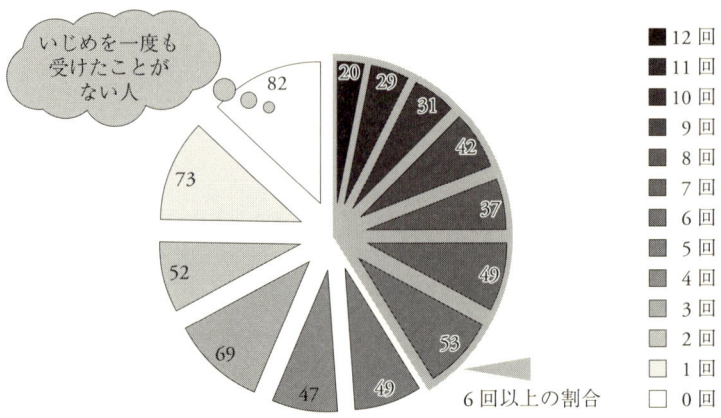

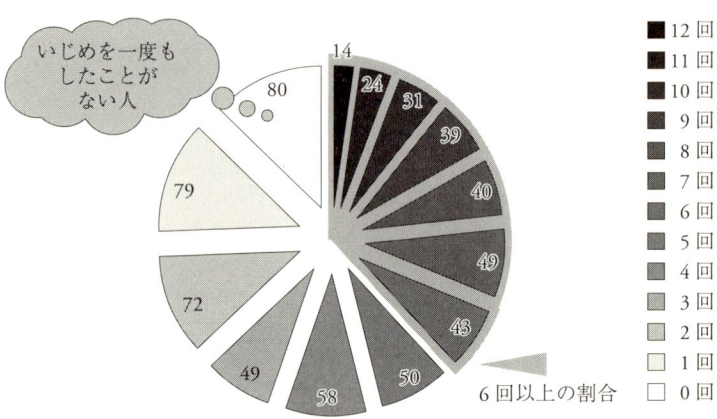

図 1-1　いじめの被害・いじめの加害

とが報じられたが，上記の結果を併せて考えると，まだまだ調査により文部科学省や学校が把握しているいじめは氷山の一角にすぎない。文部科学省や学校が把握できていないいじめは，水面下で多数生起している。

　調査によりいじめが多かった県，少なかった県も報告されているが，いじめの多い少ないではなく，膨大に起きているいじめの中で，どれだけ発見できたかと見るべきだろう。各教員が生徒からのいじめの相談を学校に報告しなければ学校は把握することができない，各学校が隠蔽してしまえば，教育委員会へも上がってこない，教育委員会が隠蔽すれば文部科学省へは届かない。現状では，文部科学省に上がってくる，いじめ件数の多い県はきめ細かい生徒の観察により多くのいじめを発見できている，いじめ件数が少ない県はいじめを隠蔽する体質がはびこっている，あるいは多数のいじめを見落としている県ととらえるのが妥当である。

　いじめが直接の自殺原因であったか否かに関しては，ケースバイケースであるが，いじめられたという本人の遺書があったならばいじめがあったと判断すべきである。いじめが起きたか否かに無駄な時間を費やすよりも，いじめが起きたと認め，加害者をどう更正させるか，たとえ命を絶った後であっても被害者にどう向き合っていくのか，いじめを見て見ぬふりをした傍観者としての行動しかとれなかった周囲の生徒への教育をどうするのか，再発防止のために取るべき行動など，議論すべき論点は山積みである。

　いじめを防止するためには，いじめの連鎖を生まないよう，加害者への教育こそ重要なのである。Farrington（1993）によれば，ロンドンの少年の24年間の追跡調査（インタビューと検査）において，世代内でいじめが継続することが立証さている。この調査では，411人の男性に対する長期にわたる追跡調査で，1961〜1962年に当時8歳であった白人で，労働者階級で，ブリティッシュ生まれの少年にインタビューをすることから開始された。その後，14歳時点（1967年〜1968年），32歳の時点（1985年〜1986年）にもインタビュー調査を行ったところ，8歳および14歳の時にいじめの加害者であった少年は，18歳，32歳に成長してもいじめの加害者側である傾向が

あるという調査である。学校段階を終えた大人に対し，いじめを防止する教育を行うことは不可能に近い。学校段階で，いじめの連鎖を断ち切る指導が必要である。

　とある教職員を対象とした講習会において，それぞれのクラス，あるいは学校で，どのくらいの子どもがいじめが起きていると認識しているかを尋ねたことがある。およそ1割程度が約30％，2割程度が40％，3割程度が30％で，4割以上の子どもがいじめの被害や加害を経験していると考えている教育関係者は0人であった。9割の子どもが被害や加害を経験している結果に驚いたり首を傾げる方が多数見られた。私自身もいじめを受けたことがあるが，子どもの頃を振り返ってみると，いじめはよく起きていた。インターネットは普及していなかったためネットいじめは起きていなかったが，子ども同士で解決したり，何らかの契機で自然解消されたり，時には教師が間に入って解決したように思う。今も昔も，大半のいじめは，大人が仲裁に入ることなく解決されていく。

　教職員を対象とした講習会において，教職員自身の子どもの頃のいじめに関与した経験を聞くとかなり低い。子ども同士解決したり自然解消されたいじめは，いじめ経験として記憶に残っていないのだろう。もっとも，いじめの定義も時代とともに変わってきており，現代の定義が十分に周知されていないことも，いじめに対する誤解や理解不足を招く一因であろう。

　そのため，下記にいじめの定義を明示しておく。文部科学省による平成18年以降の調査で用いられているいじめの定義（http://www.mext.go.jp/ijime/detail/1336269.htm）である。以下抜粋を示す。いじめの定義を十分周知した上で，9割の子どもの間で起きている問題であるという認識を持つことが必要である。

> 　個々の行為が「いじめ」に当たるか否かの判断は，表面的・形式的に行うことなく，いじめられた児童生徒の立場に立って[1]行うものとする。

> 「いじめ」とは，「当該児童生徒が，一定の人間関係のある者[2]から，心理的，物理的な攻撃[3,4]を受けたことにより，精神的な苦痛を感じているもの」[5]とする。

なお，起こった場所は学校の内外を問わない。

国立教育政策研究所の調査（上掲）によれば，仲間はずれは約40％，からかう・悪口は約30％，かるく叩くは約20％，ひどく叩くは約10％という分類になっており，仲間はずれやからかう・悪口などのいじめの種類が7割を占めている。現代のいじめのレパートリーの中で最もメジャーとなっている仲間はずれやからかう・悪口などのいじめを助長している道具がある。

---

[1] 「いじめられた児童生徒の立場に立って」とは，いじめられたとする児童生徒の気持ちを重視することである。
[2] 「一定の人間関係のある者」とは，学校の内外を問わず，たとえば，同じ学校・学級や部活動の者，当該児童生徒がかかわっている仲間や集団（グループ）など，当該児童生徒と何らかの人間関係のある者を指す。
[3] 「攻撃」とは，「仲間はずれ」や「集団による無視」など直接的にかかわるものではないが，心理的な圧迫などで相手に苦痛を与えるものも含む。
[4] 「物理的な攻撃」とは，身体的な攻撃のほか，金品をたかられたり，隠されたりすることなどを意味する。
[5] けんか等を除く。

第2章

KS（既読スルー）
―― いじめを助長するソーシャルメディア ――

　奈良県橿原(かしはら)市において中学1年生の女子生徒が「LINE」[1]で仲間はずれや悪口等のいじめを受け，マンションから飛び降りる自殺が2013年3月に起きた。被害者の自殺後も「LINE」で「お通夜NOW」などと加害生徒が書き込み，不適切な書き込みを加害生徒がまったく反省しておらず，大きく問題になった事件である。

　福岡県那珂川町においても，2013年6月に，サッカー部の2年生男子生徒一人に暴行し，その様子を携帯電話で動画撮影し動画を「LINE」に投稿したといういじめ時間が起きた。また，「LINE」の書き込みのトラブルから3年の男子生徒二人が2年の男子生徒（14）に暴行し，鼻の骨を折るけがをした事件（酒田市中学・2013年7月），野球部で，複数の部員が一人の服を脱がせて携帯電話のカメラで撮影した画像をLINEに掲載（鶴岡市中学・2013年7月）した事件など，ソーシャルメディア「LINE」を利用したいじめが多数報告されている。

---

1)「LINE」や「カカオトーク」は，電話番号にひも付けされた形でユーザー登録され，カカオトークは全世界で3,000万人，LINEでもダウンロード数が1,500万人を突破したといわれている。
http://www.yomiuri.co.jp/net/security/goshinjyutsu/20120217-OYT8T00893.htm

携帯電話で写真や動画を撮影しインターネット上にUPするいじめ，個人情報や誹謗中傷がネット上に書き込まれるいじめは，LINEなどのソーシャルメディアが流行を始める前から起きていた。ブログや掲示板や動画サイトなど，いろいろな無償のサービスが利用されていた。ソーシャルメディアに限ったいじめではない。インターネットが子どもたちに手が届くようになった10年以上前から起きてきた。

　LINEなどのソーシャルメディアの普及に伴って，急速に拡大したネットいじめの形態がある。それは，「既読」マークを巡るいじめである。東日本大震災が起きた頃に，急速にソーシャルメディアの利用者が広がり，安否確認の機能として，メッセージを読んだか否かを示す「既読」マークの機能が追加された。この機能の登場により，読んだか否かが相手にすぐわかるようになった。送信したはずが届いていないのではないかどうか気をもむ必要はない。20年ほど前に利用していたメーラー（パソコンでメールを読むソフト）にも，相手がメッセージを開いたかどうかを確認させる機能が付いていたソフトもあり，技術的には新しい機能ではないが，子どもたちが手軽に利用できるアプリに搭載されたため，本来の目的とは異なる利用をされるようになってしまった。

　読んだにもかかわらず，即座に返事をしないとKS（既読スルー）あるいは既読無視と呼ばれ，「KSいじめ」「既読無視いじめ」の原因になるため，友達からメールが来たらすぐに返事をしなければと焦燥感に駆られ即レス症候群[2]に陥る子どもたちが増えている。

　どうやら，KSと呼ばれないためには即レスしなければいけないという子どもたちの世界のみのオキテができているのである。子どもたちは，「グループトーク」と呼ばれるグループ機能を用い，クラスの友達グループ，部

2）即レス症候群：メールが来たらすぐに返事をしなければいけないという強迫観念に駆られ，ケータイを片時も放せない状態。必ずしも利用頻度だけでは判断できない。利用頻度が低くても，物事に集中できず，ケータイが気になって片時も放せない場合は，「即レス症候群」を疑うとよい（加納，2009）。

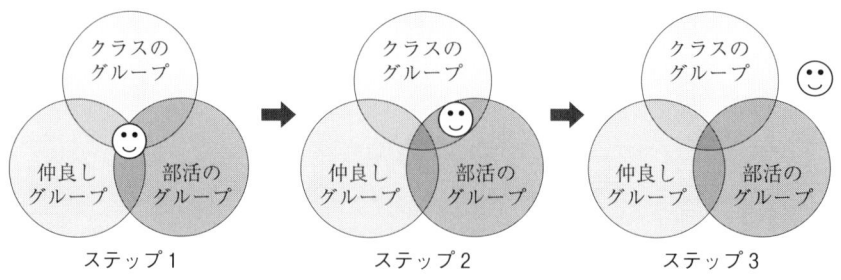

図 2-1　仲間はずれが伝播する構図

活の友達グループ，塾のグループ，仲良しグループ等々多数のグループを作っている。ぐるちゃ（グループチャットの略で，グループトークとは別のアプリを利用した LINE の機能）と呼ばれていることもある。グループトーク機能とは，メールでいえばメーリングリストに似ている。登録したメンバーだけ読み書きできる。グループトーク機能を使い，細かくグループを使い分け，グループごとに頻繁にメッセージを交わしているのである。

大人の発想では，あまり緊急性を要しない雑談であれば，夕食を済ませてから，あるいはのんびりお風呂に入ってから，返事をすれば良さそうに思うのだが，子どもたちのオキテではそれは許されない行為のようである。見てしまったのに返事をしないと，その話に乗り遅れるだけでなく，KS とみなされ，「ブロックいじめ」に合うこともあるのである。「ブロックいじめ」とは，前述のグループトークから締め出されてしまう，たとえば，5人の仲良しグループに入っていたとすると，既読無視をしている間に，グループから登録を抹消されてしまうのである。グループから閉め出されただけならば，即レスできなかったことを誤ったり，理由を伝えたりして関係を修復する道もあるが，完全にブロックされてしまうと，いくらメッセージを送っても，相手にそのメッセージは閉ざされて，当然返事も来ないため，関係修復の道すら閉ざされてしまう。

その構図は，図 2-1 に示した。

はじめは，クラスのグループ，部活のグループ，仲良しグループの3つの

LINE グループに属していた A さん（図中の☺），仲良しグループの中で既読無視をしたため，仲良しグループからブロックされる。仲良しグループのメンバーの一部は，クラスのグループや部活のグループとの接点があり，A さんの悪口を伝え，クラスのグループや部活のグループからもブロックされてしまうのである。

　A さんのもとに「B さんがブロックしようとしています，承諾しますか？」などの LINE からの自動メッセージは送られない。A さんの知らない間にブロックされてしまうのである。C さん D さんその他クラスの大勢からブロックされても，A さんには，誰がブロックしたかについては，一切知らされることはない。A さんはつながっていると思い，メッセージを送り続けても，誰からも返事がもらえないという仲間はずれといういじめに苦しむことになる。

　その一方で，既読無視をしたからとはじめにブロックした元仲良しグループのメンバーをいじめたという自覚を持っているが，クラスのグループや部活のグループのメンバーは，はじめは A さんの悪口を聞かされブロックしたとしても，そのことに強い思い入れを持っていないと，1 カ月もすると，ブロックしたことすら忘れてしまう。A さんを無視し続けているという意識を持っていない場合すらあるのである。

第3章

被害・加害のハードル

　ブロックいじめのように，ブロックされた被害者はメッセージを送っても無視され続けるというとてもつらい思いをしていても，ブロックした加害者側はいったん相手をブロックするとブロックした相手がどんなメッセージを送っていてもそれに気がつかないため，ブロックしていたことすら忘れてしまう。被害者側は，死にたいと思うほど孤独感に苦しんでいても，加害者側は，いじめているという認識すら風化してしまうこともあるのである。つまり，ネット上での被害・加害の関係のハードルの高さは，被害者側と加害者側で大きく異なるのである。

　たとえば，直接言えないようなことも，メールならば伝えやすいことがある。このことは，関係性向上につながる場合も，その逆もある。前者の例としては，けんか別れをした友達に，直接謝る勇気はなくても，「さっきは言いすぎた，ごめんね」などのメールで，関係が修復されることもある。一方で，直接面と向かって「学校に来るな，死ね」などの罵詈雑言を浴びせる勇気はなくても，匿名のメールアドレスからであれば，簡単に「学校に来るな，死ね」というメッセージを送信できる場合がある。匿名の掲示板等への書き込みも同様だ。直接言うことはハードルが高くても，間接的にメールを送る行為はハードルが低い，つまり，加害者の加害行為を行うハードル関係は，図3-1のようになる（加納，2008a）。

図 3-1　加害行為を行うハードル

図 3-2　被害者の傷つく度合い

　一方，被害者の傷つく度合いは，直接言われれば，弁解する余地もあるだろうし，言い返すこともできるが，匿名でネットに公開されれば，世界中の人に知られることであり，誤解であっても弁解する余地はなく，被害者が被る心の傷は深く，傷つく度合いは大きい。つまり，被害者の傷つく度合いの関係は，図 3-2 のようになる。

第4章

スマートフォンやインターネット利用に制限をかけても解決しない

　加害行為は，傷つけているという意識は低くても深く傷つけることができることもあるからといって，ツールを取り上げても本質的な解決にはならない。全世界でインターネット利用者人口は10億人を超えた。ネット上には膨大なデータがあふれ，ビックデータが漂うネット上へ，手の一部のように身体化したともいわれるスマートフォンから，いつでも誰でもアクセスできるようになった。図4-1に示す内閣府「平成24年度　青少年のインターネット利用環境実態調査　調査結果」によれば，携帯電話を持っている高校生の55.9%がスマートフォンである。おそらく，H25年には7割，H26年には8割と確実に増加の一途をたどるであろう。

　しかしながら，わが国のスマートフォン普及率が高いわけではない。世界的に見れば，わが国はスマートフォン後進国の一つである。図4-2を見ると，UAE，韓国，サウジアラビア，シンガポールではスマートフォンの普及率は7割を超している。その一方で，わが国はトルコやルーマニアやブラジルよりもスマートフォンの普及率が低く24.7%である。

　図4-3は，スマートフォン普及率3年比較である。韓国の場合は，2011年には27%の普及率にすぎなかったが，その後飛躍的に伸び2013年には73%に伸びている。UAE，サウジアラビア，シンガポールは，調査開始時

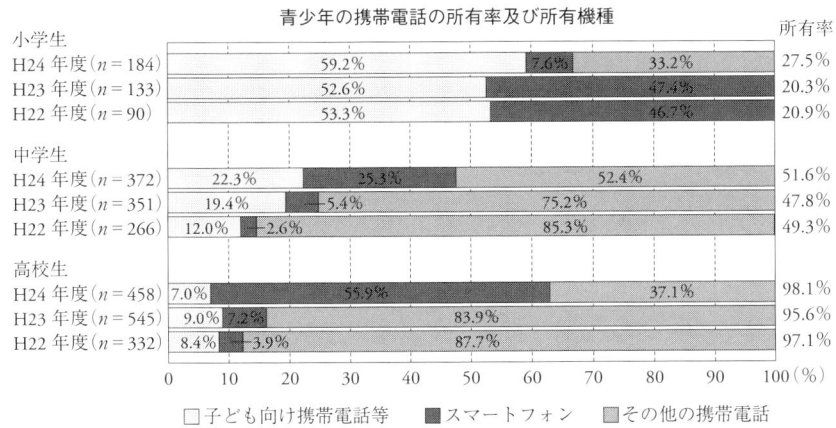

図 4-1 スマートフォン普及率

(内閣府「平成 24 年度 青少年のインターネット利用環境実態調査 調査結果 (速報)」より http://www8.cao.go.jp/youth/youth-harm/chousa/h24/net-jittai/pdf/kekka.pdf)

から高い普及率を維持している。ノルウェイやオーストラリア，スウェーデン，香港，イギリス，カナダ，アメリカなどは，着実に普及率が伸びている。しかしながら，わが国は，2012 年 19.6％，2013 年 24.7％であり，低止まりしている現状である。

さらに少し視点を変えて性差に着目した。図 4-4 は，スマートフォン普及率の性差である。アメリカやオーストラリア，台湾などでは 2013 年には半数以上の人がすでにスマートフォンを所有している状況で，日本ではちょうどその半分程度しか普及していないという全体的な普及率の低さだけに留まらず，スマートフォン普及率に性差がある点が他の国と異なる特徴である。

日本のスマートフォン普及率性差を見ていただくと，2011 年女性 3.2％，男性 8.5％で，男女間におよそ 5 ポイント程度の開きがある。2012 年，2013 年も男女間におよそ 8 ポイント程度の開きがある。世界各国の政財界リーダーが集まる「ダボス会議」の主催で知られる世界経済フォーラムによる，社会進出における性別格差の度合いを評価した「男女格差指数[1]」によれば，

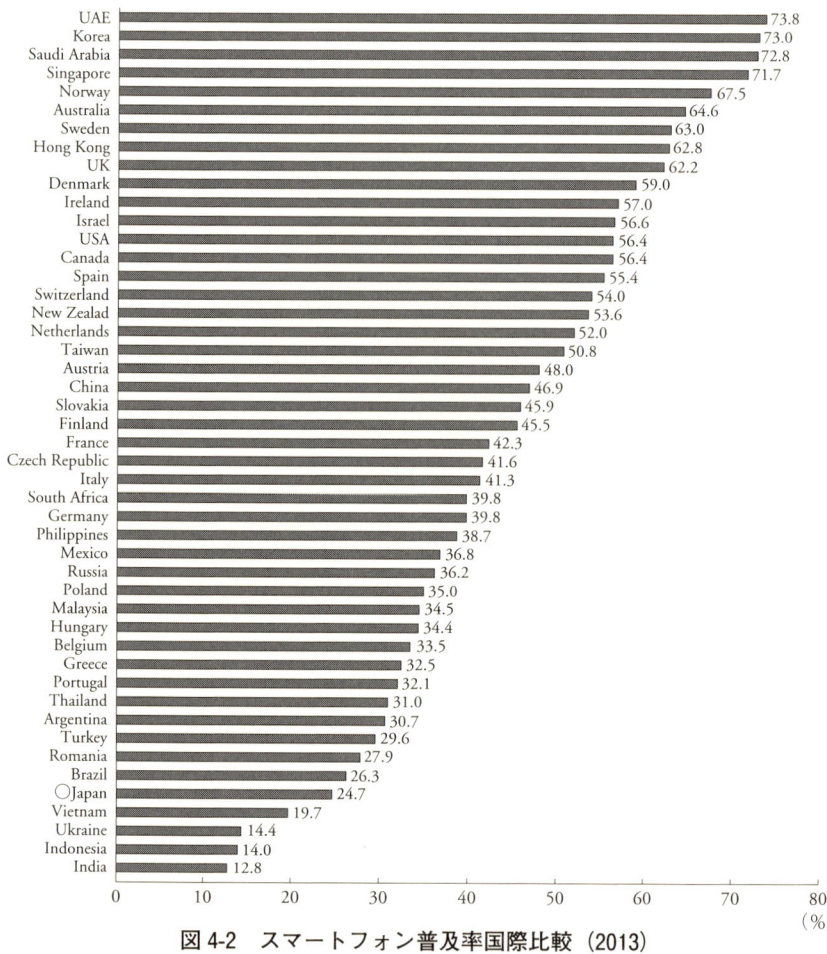

図 4-2 スマートフォン普及率国際比較（2013）

Google による調査結果（http://www.thinkwithgoogle.com/mobileplanet/ja/graph/）のデータの一部を利用し，筆者が加工

---

1) The Global Gender Gap Report
　http://www.weforum.org/issues/global-gender-gap

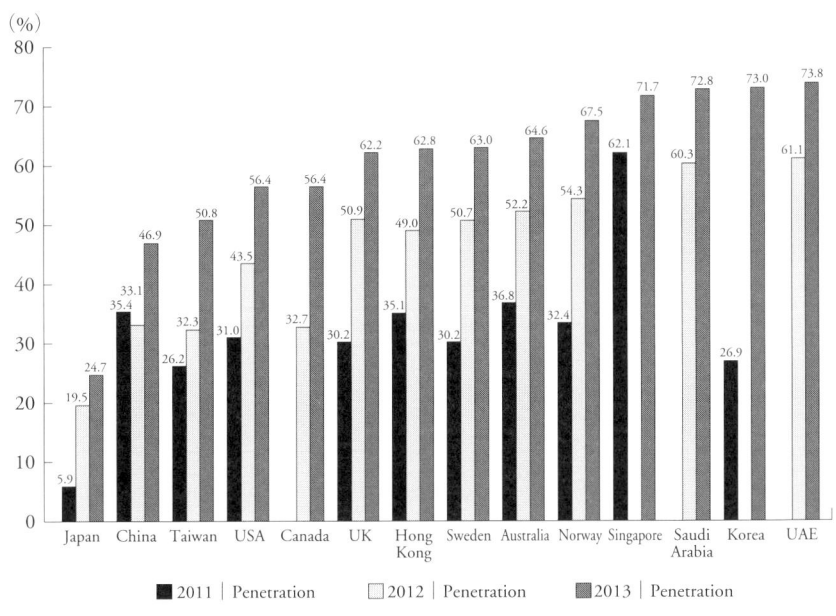

図 4-3　スマートフォン普及率 3 年比較

Google による調査結果（http://www.thinkwithgoogle.com/mobileplanet/ja/graph/）のデータの一部を利用し，筆者が加工

　先進 7 カ国（G7）中でわが国は最下位であり，世界経済の視点から男女格差が高いと評されているわが国の男女格差がスマートフォンの普及率にも表出しているとは遺憾としかいいようがない。

　だが，ここで男女格差の問題を指摘しようというのではない。わが国のスマートフォンの男女格差は，いじめ発見の観点から，望ましくないという指摘である。いじめサインの見つけ方については，本書の第 2 部で詳述するが，いじめを発見する第一歩は，子どもの様子を寄り添って観察することである。寄り添って観察するとは，何をやっているかわからないけれど，見ているのとは異なる。たとえば，鞄を見ているように頼まれた人が，泥棒が来て鞄を持っていく様子をじっと見ていても意味がないように，スマートフォンで何かやっている子どもの様子をじっと見つめていたら，いつの間にかい

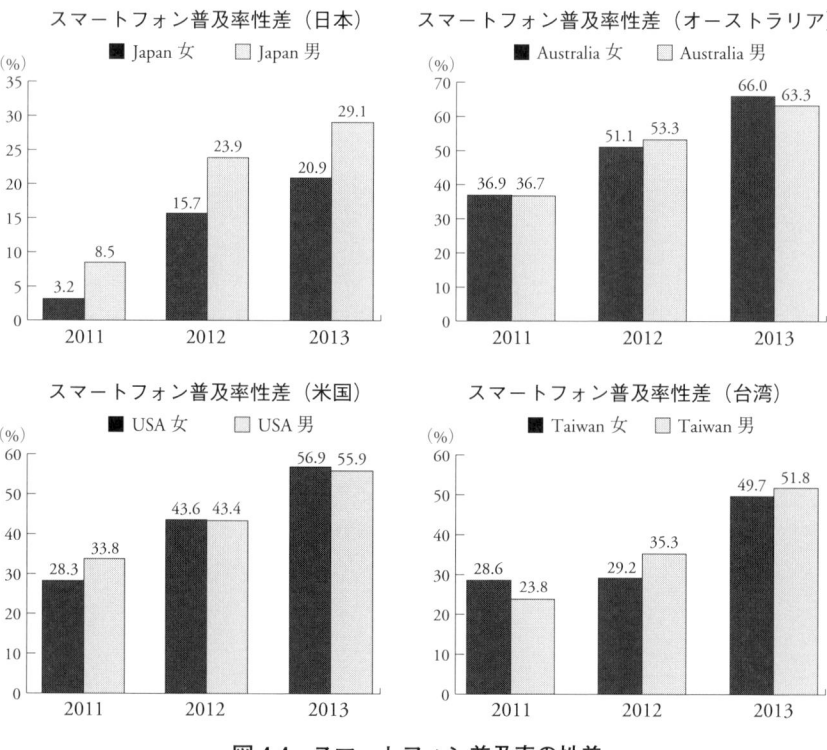

図 4-4　スマートフォン普及率の性差

Google による調査結果（http://www.thinkwithgoogle.com/mobileplanet/ja/graph/）のデータの一部を利用し，筆者が加工

じめに遭っていたというのでは意味がない。実際に自らも機械を手にし利用しながら，子どもが見ているサイトと同じサイトを観察し，同じものを読み，書き込んだことを観察する必要がある。

　実際，子どもがネットに毒されてしまっている，スマートフォンの虜になっていてそれが心配で眠れないほど悩んでいるんです，という母親の多くは，自分自身ではスマートフォンを持っていないし使ったこともないという方が大半である。詳細を尋ねると，小中学生の頃は携帯電話は不要だと考え買い与えなかったが，高校生になると行動範囲も広くなり友達関係を築く上

でも必要だろうと考えて高校入学と同時に買い与えたというのである。リビングにスマートフォン置き場を作り，そこでしか使ってはいけないことにすると，家にいる間中リビングにいて，スマートフォンでゲームや動画サイトを見ていたり，なにやら楽しそうに見ているとのことである。これのどこが毒されているのだろうか？　スマートフォンやタブレットは，進学先の情報を得たり，友達と交流したり，調べ物をしたり，自ら発信したりするメディアの一つであり道具である。デメリット以上にメリットがたくさんある。

　もっとも，遅くからスマートフォンやタブレットを使い始めた後発組の中には，異常に執着したり，著しく偏った使い方をしている場合もある。本当は，学校教育で正しいSNS（Social Networking Service）[2]の書き込み方・返信の仕方，正しい動画の見方・考え方などを学ぶ機会があればよいのだが，担任の先生が独自に自主的にそういった指導をしている希なケースを除き，多くの場合は，野放図である。書きたいことを書いているうちに人をいじめてしまっていたという場合も多々存在する。子どものいじめを発見したい，いじめをさせないようにしたいと思うならば，子どもから使い方を教わるのではなく，先回りして使いこなすことが望ましい。子どものネット利用を心配している人複数名で，使い方教室を定期的に開くのである。いろいろなことを書いて互いにやりとりしたり，動画を見たり，子どもがやっていて心配だと思うことを，自分たちでやってみてから，問題な行為と，問題のない行為の切り分けをしていくとよい。そうすることで，子どもが使い始める段階で，使用しても構わない行為と，そうでない行為をきちんと指導することができる。SNSを使うことが問題なのではなく，過度な返信を求めたり，適切でない画像や文字を送ったり，ちょっとしたコミュニケーションのずれで友達をブロックしてしまうことが問題なのである。

　このように説明しても，ネットに毒されているという考え方を根強く保持

---

[2]　ソーシャル・ネットワーキング・サービスとは，インターネット上に社会的なネットワークを作るサービスのことで，LINE，Facebook，Twitter，mixi，GREE，Mobage，Ameba，Google+，Myspace，LinkedInなどがある。

されていて、危険なものは、子どもにも使わせたくないし、自分でも使いたくないという方はいらっしゃる。もう少し話を伺うと、電磁波の健康への影響を心配されている場合もある。ここでブロックされてしまうと、いじめの発見に至らないため、少し電磁波の健康への影響について補足しておくことにする。

　世界保健機関（WHO）の国際がん研究機関（IARC）は、携帯電話の電磁波と発がん性の関連について、限定的ながら「可能性がある」との分析結果を発表したと、複数の日本のメディアで発表されたことがあった[3]。そこで、詳細に WHO の報告書を確認した[4]。これは携帯電話と発がん性のみを調べた調査ではなく、人にかかわる「化学物質」「混合物」「環境」を発がん性の高い順に Group1、Group2A、Group2B、Group3、Group4 の 5 つのグループに分類した調査であった。報告書から身近なものを表 4-1 にピックアップした。Group4 にはカプロラクタム（Caprolactam）というあまり身近でない物質一つしか挙げられていないので表には加えていない。

　表 4-1 に示すとおり、発がん性の可能性があると複数のメディアで報じられた低周波磁場（Magnetic fields（extremely low-frequency））と同じグループに分類された物質は、コーヒーや漬け物等である。「アジア式野菜の漬物」とは、いわゆる浅漬けや、沢庵漬けなど、日本でよく利用されている塩を使った漬け物である。アジア式でない野菜の漬け物とは何か、たとえば砂糖漬けや蜂蜜漬け、ピクルスのような酢漬けのことである。［携帯電話の電磁波「発がんの可能性も」WHO が分析］等の新聞のみだしを見ると、いかにも携帯電話は発がん性があるような印象を与えてしまう。とても誤解を受けやすい表題である。たとえば、［漬け物「発がんの可能性も」WHO が分析］等の表題でも可能なわけであるが、特定の一つだけを表題に持ってくること自体、やはり、誤解の要因となる。一番妥当な表題としては ［携帯電話の

---

[3] 携帯電話の電磁波「発がんの可能性も」WHO が分析　朝日新聞 2011 年 6 月 2 日他。
[4] Agents Classified by the IARC Monographs
　　http://monographs.iarc.fr/ENG/Classification/ClassificationsGroupOrder.pdf

表 4-1　発がん性に関する分類の抜粋（Agents Classified by the IARC Monographs）

Group	
Group1	タバコの喫煙（Tobacco smoking）
	紫外線を発する日焼けマシーン（UV-emitting tanning devices）
Group2A	熱いマテ茶（Hot mate）
	美容・理容に従事（Hairdresser or barber（occupational exposure as a））
	シフト勤務（Shiftwork that involves circadian disruption）
Group2B	コーヒー（Coffee）
	アジア式野菜の漬物（Pickled vegetables（traditional in Asia））
	低周波磁場（Magnetic fields（extremely low-frequency）） ☆**携帯電話の電磁波**
	服飾製造業に従事（Textile manufacturing industry（work in））
Group3	茶（Tea）

電磁波は，漬け物やコーヒーと同じカテゴリーの危険度に分類　WHO が分析] 等が妥当であろう。

　上記では，携帯電話に利用されている電磁波の発がん性の危険度は，コーヒーや漬け物と同等のレベルであるという結果を紹介したが，携帯電話の電磁波と健康への影響については，WHO 以外でも多くの研究者が取り組んでいるが，いずれも人体への影響はないという結果である[5]。

　脳科学の分野でも，悪影響があるというような主張をしている記事を読んだこともあり，その都度その根拠とされているデータを確認することにしているが，いずれも一般化できるようなレベルの調査ではなかったり，信頼性の高い調査の場合，調査者自身はそのような主張をするために発表したデータではない場合しか見かけたことがない。

　ただし，人ではなく機械への影響があることはすでに知られているとおりである。精密機器が多数ある場所（飛行機の機内や病院等）や，ペースメーカーなど機械を体内に身につけている人の近くでは，マナーモードでなく，電源をオフにすることが必要である。

5) たとえば，「1.5GHz の携帯電話電波へのばく露がマウスの皮膚に化学物質で誘発させた発がんに及ぼす影響についての研究［Imaida K, Kuzutani K, Wang J, Fujiwara O, Ogiso T, Kato K, Shirai T. Lack of promotion of 7, 12-dimethylbenz[a]anthracene-initiated mouse skin carcinogenesis by 1.5 GHz electromagnetic near fields. Carcinogenesis. 2001 Nov ; 22 (11):1837-41.］」がある。携帯電話使用に伴い，電波が耳や頭部の皮膚に直接影響を及ぼすと考えられることから，PDC 方式携帯電話の 1.5GHz 電波への近傍界ばく露が，マウスの皮膚における発がんに及ぼす影響を検討した研究である。まず，雌のマウス（10 週齢）の背中の毛を剃った皮膚に，発がん物質の一種（DMBA）を塗布する。1 週間後に，マウスを，電波ばく露群（48 匹），偽ばく露群（48 匹），陽性対照として発がん促進物質の一種（TPA）投与群（30 匹），TPA 非投与対照群（30 匹）に分け，携帯電話に用いられている 1.49GHz の電磁波を 90 分／日，5 日／週，19 週にわたって近傍界でばく露させた。すべてのマウスについて，皮膚がんの検査および体重測定を週1 回実施した。20 週目に実験を終了し，皮膚がんの組織病理学的分析を実施した。その結果，電波ばく露群，偽ばく露群，TPA 投与群，TPA 非投与対照群における皮膚がん発症率は，それぞれ 0/48（0%），0/48（0%），29/30（96.6%），1/30（3.3%）であった。つまり，TPA 投与群では 9 割以上のマウスが発がんしたのに対し，電波ばく露群，偽ばく露群では 0%で，1.5GHz の携帯電話電波へのばく露による発がん性への影響はまったく見られなかったという結果である。

この他，「1,950MHz の携帯電話電波へのばく露がヒトの局所脳血流量に及ぼす影響についての研究 [Mizuno Y, Moriguchi Y, Hikage T, Terao Y, Ohnishi T, Nojima T, Ugawa Y. Effects of W-CDMA 1950 MHz EMF emitted by mobile phones on regional cerebral blood flow in humans. Bioelectromagnetics. 2009 May 27.］」「携帯電話電波（1.5 GHz）がラットの肝臓がんに及ぼす促進作用に関する研究［Imaida K, Taki M, Watanabe S, Kamimura Y, Ito T, Yamaguchi T, Ito N, Shirai T. The 1.5GHz electromagnetic near-field used for cellular phones does not promote rat liver carcinogenesis in a medium-term liver bioassay. Jpn J Cancer Res. 1998 Oct ; 89(10)：995-1002.］」「携帯電話電波（929.2MHz）がラットの肝臓がんに及ぼす促進作用に関する研究［Imaida K, Taki M, Yamaguchi T, Ito T, Watanabe S, Wake K, Aimoto A, Kamimura Y, Ito N, Shirai T. Lack of promoting effects of the electromagnetic near-field used for cellular phones（929.2 MHz）on rat liver carcinogenesis in a medium-term liver bioassay. Carcinogenesis. 1998 Feb ; 19（2）：311-4.］」等，人や生き物に対する携帯電話の電磁波に関する研究はあるが，いずれも影響はないという結果である。

第5章

ネット依存
――過渡期には摩擦がつきもの――

　スマートフォンを使うようになってから子どもたちがイライラしている，人権を侵害されたなどの報告もあるが，過渡期にすぎない。サイバー空間で傷ついた，トラブルになった，不快な思いをした，ソーシャルメディア疲れを感じるようであれば，使い方が適切ではない証拠である。「既読疲れ」という言葉も耳にすると気の毒なことだなと思う。LINEの既読機能は本来安否確認のための機能で，疲れさせるための機能ではない。スマートフォンやタブレット等は，刃物や金槌や火と同じく，あくまで道具・文明の利器であり使いこなす必要がある。安易に「使いこなす」という表現をすると，LINEやFacebookに大量に書き込んだり，素早く入力できるようになることと勘違いされることがあるため，説明を加えておく。道具を使いこなすとは，その道具に関する用語の意味を理解し，どのような機能や特性を持ち，どんな状況の時に使うものかを熟知した上で，自分と道具の距離を考え，適切に使うべき機能を判断できることである。剣の使い手だからと，年中剣を人前で振り回すことはしない。本物の使い手は，使い方を熟知した上で，普段は鞘に収めている。

　千利休が残した茶道の心得に，

規矩作法　守り尽くして
　　　破るとも　離るるとても
　　　本ぞ忘るな

　という守・破・離の思想があり，すでにわが国の文化といっても過言ではない。これはいつの時代にも十分通用する思想であるにもかかわらず近年は忘れられかけている風潮がある。まさに，現代の情報化社会においてもネット社会の「守」としての型をきちんと早い時期に教える必要がある。ソーシャルメディアの使い方が問題だというならば，手取り足取り，望ましい使い方を教え，問題を起こさない返事の仕方，誤解をしない読み方を教えていく必要がある。ソーシャルメディアの使い方にも，千利休の茶道と同じく守るべきルールがある。きちんと守るべきルールを身につけてから，自由に使い始めれば，不用意に書き込んだことによって相手を傷つけたり，友達からのメッセージを誤解して読み取ったり，返信に不必要な迅速さを求める習慣は生まれない。

　友達からのお誘いを断るときには，きちんと理由を述べて丁寧な返信をするという習慣をすべての人が身につけていれば，返事がないのはよい知らせ，つまり友達の誘いに参加する，あるいは賛成と考えているという習慣ができあがっただろう。現状では，それは，真逆になっている。友達の誘いや発言に「不同意」の場合は返事をしないのが暗黙のルールになっているのである。だからこそ，相手から返事がないと不安になり，不安は敵意を駆り立てるのである。ましてや，「既読」マークになっているのに返事がないと怒りが絶頂に達してしまうという心理も理解できる。

　教えていないからこういった問題を引き起こすのであって，危険ならば遠ざけるというのでは，問題を先送りし，発覚を送らせ，被害を増大させるだけである。ソーシャルメディアがこれだけ普及している中，LINEによるブロックいじめが急激に拡大しているためにLINEを禁止したとしても，他のツールへ移動して，また類似の問題を引き起こすことになるだけだ。「不同意」の場合は返事をしないのが暗黙のルールになっている村の住民に，ネッ

ト講習会などを開いて，既読無視だといじめてはいけないと説法をこんこんと聞かせたところで馬の耳に念仏と同じくほとんど効果はない。むしろ言葉を学びはじめる時にソーシャルメディアで書き込む一文字一文字から，書いてよいことと書くべきでないことを教え，どんなときにどんな返事をすべきなのかというソーシャルメディアで問題を起こさない使い方の「守」を訓練した方が，実質的な効果は高い。既読疲れ，ソーシャルメディア疲れに陥るのは，不適切な使い方をしている証拠である。

　守・破・離の思想において，「守」の部分を教えることは，教師と大人の役割である。「不同意」の場合は，丁寧な返事をできる限り素早く書く，返事がないのは賛成の証拠，同意する場合は急いで返事を書かないが，熟慮ある心のこもった返事を書くというような習慣が定着すれば，既読疲れ，ソーシャルメディア疲れは遙かに軽減するであろう。返信に関しては，以下に示す3点を基準に判断すれば，即レス症候群に陥る心配はない。

- 丁寧でできる限り早く返信が必要なとき……（先生や両親からのメッセージ，知人からの誘いを断るとき）
- フランクな返事でよいとき……（友達や後輩との雑談や，友達や後輩からの誘いを承諾するとき）
- 返事をすべきでないとき……（面識のない人からの勉強や仕事にかかわらないメッセージ，広告）

　また，メールや電子掲示板などでのやりとりで誤解を生んで友達同士が突然仲違いをしてしまうことはよくあることであるが，本来コミュニケーションを始めた段階では，仲違いすることなど望んでいない。メールも手紙と同じで，返事を書くときには，「メールをいただきありがとうございます」「教えていただきありがとうございます」など，お礼の言葉からはいることを，家族のルール，クラスのルールにしてしまうのである。はじめは気恥ずかしく思うかもしれないが，「ルールだから面倒だけどつけておこうね」でいい

のである。これも「守」のひとつ型（情報リテラシー）である。

　さまざまな「守」にあたる型（情報リテラシー）を身につけ，そのうちに，それらが当たり前の身のこなしになってくる。型であることを忘れた頃，学校を卒業し社会人になり，冒頭の言葉を少し換えてみたくなる。これが「破」であり「離」が続く。そのとき「お世話になっております○○です」などという表現に変わるかもしれないが，冒頭に感謝の意を表す表現を置く習慣は，おそらく一生身についているはずである。冒頭に感謝の意を表す表現が書かれていれば，受け取った相手はいやな気はしない。誤解を生んで仲違いする危険性は極力減らすことができる。

　もし，ネット詐欺を企む相手であっても，礼儀正しいメールで返事を書けば，手強い相手かもしれないと警戒してくるかもしれないし，心を改めるかもしれない。基本的なルールをきちんと守る習慣を物心がつくか否かにきちんと押さえておけば，今後ネット社会がどう変化したとしても，極めて適切な対応と判断ができるであろう。「守」にあたる型（情報リテラシー）を身につけなければいけないのは，子どもだけでなく，大人になってからネットデビューした大人にも然りである。

　さて，この先順調に時代が進化していくならば，ますますネットはなくてはならないライフラインの一つとなり，ネット家電が隅々まで広がり，朝起きてから寝るまでネットに依存した生活を送る時代が到来するであろう。現在は，ネット依存外来などの診療科まで登場し，ネット依存が問題だと考えている人もまだまだ多くいるようだが，ネットに依存した生活のどこが問題だというのか冷静に考え直していただきたい。ネット依存が問題だと指摘している人たちは，電気依存は問題とは思っていないのだろうか。地球の資源の枯渇状況から考えると，ネット依存より電気依存の方が遙かに由々しき問題である。

　しかしながら，電気依存が問題だという主張よりもネット依存が問題だという主張の方が多いのはなぜか。電気はすでに定着したライフラインの一部であるが，ネットは，まだ過渡期のライフラインだからだ。ネットがライフ

ラインとして十分定着するようになれば，ネット依存が問題だと考える人は消滅するだろう。

　自分は電気依存かもしれないなどと心配することなく，朝起きてから就寝するまでどっぷりと電気に依存した生活を過ごしているように，ネットはライフラインの一つにすぎないため，どっぷりネットに依存した生活を送っていてもまったく問題はない。

　ネットに依存していることが問題なのではなく，**適切にネットに依存した生活を送ることができていない**ことが問題なのである。そこを混同していると，自分は大人だからネットに依存していても大丈夫だと考える人たちがいて，「子どもの問題」とグレードダウンしてとらえられ，子どものうちは禁止しておいて，大人になってから使えば，自業自得・自己責任で片づければよいと責任を個人に押しつけ，本質的な解決には至らない。

　ネット依存の問題などと十把ひとからげにせず，きちっとした切り分けが必要なのだ。24 時間ネットに依存した生活を送ることに問題があるのではなく，長時間にわたり画面に向かい閲覧したり書き込んだり，ゲームをしたり，動画や映画を閲覧したり，操作し続けていることに問題がある。画面を一定時間以上見つめていれば，VDT（Visual Display Terminal）障害の問題であり，近視やドライアイ等の眼科的障害の他，心身の全般的慢性や疲労を引き起こすことが知られている。VDT は画面を見ていることによる障害なので，スマートフォンで，動画や映画を見ているだけの人も，注意が必要である。また，LINE などに過度に書き込みを行ったり，閲覧するなどの操作を過剰に行うと，RSI（Repetitive Stress Injury；反復性ストレス障害）を引き起こすことになる。これは，手指の反復性動作や長時間の姿勢の問題であり，手指前腕の障害および頸肩腕症候群を発生させることになる。

　現時点では，適切にネットに依存した生活を送るための教科書もなければ，その方法を手取り足取り教えてくれる人も少ないため，教わったことしか学べない人は，適切にネットに依存できないでいるだけのことなのだ。

　しばらく前，携帯電話の学校への持ち込み禁止が強く主張されていた時代

に，携帯電話禁止のルールを素直に守りほとんど携帯電話を使いこなせないでいるか，完全にルールを無視して1日に200通300通も書き込みをするような過剰利用をするかの二極化に近い状態になっていたように，上手なネットへの依存の仕方を身につけることができている人が少ないために，現在まだ二極化した状態にある。つまり，ほとんどネットを利用しない生活を送っている人と，過剰にオンラインゲームやソーシャルメディアにはまり昼夜逆転し健康で文化的な社会生活に支障をきたしている人に，二極化している状態なのである。

　おそらく，まだイメージがわかない人もいると思うので，24時間適切にネット依存ができている例を示そう。高血圧の持病を持ったAさん。仕事が忙しくこまめに病院に通うことは難しく，定期的に訪問看護師に来られるのも煩わしいと考えているとする。それでいて，血圧が高くなったときには，即座に対応してほしいと思っている。そこで利用しているのがインターネットに24時間接続された血圧計。数分おきに血圧の値と位置情報がインターネットを通じて病院に送られる。大きな変化があればネットを利用して医師や看護師にコンピュータが連絡して，どこにいても対応してくれる。24時間ネットに依存し血圧管理をしているAさんである。

　インターネットは電気と同じくインフラの一種である。24時間ネットに依存して血圧を管理したとしても，ネットに依存することに問題はないのである。そろそろネットの過渡期の摩擦から脱却していってはどうだろうか。

第6章

暇つぶし

　ネットの過渡期の摩擦から脱却していくには，まだもう少し時間がかかるであろうが，すでに物珍しい魅力あるものではなくなってきた。ネット依存の弊害として，オンラインゲームにはまり，深夜遅くまでゲームで遊び，昼間授業中に居眠りをする子どもの問題が指摘されることがある。

　しかしながら，ゲームの歴史を振り返っても，子どもたちがゲームにはまり授業中に居眠りする問題は，さほど新しい出来事ではない。ポケットメイトと呼ばれるゲーム機が流行ったのは，1970年代初頭の頃で，1980年前後にはゲームウォッチがブームとなった。そして1980年代後半には，ファミリーコンピュータが登場し，エニックス『ドラゴンクエスト』が大ブレイクした。その後もゲームボーイ，スーパーファミコン，ゲームギア，ニンテンドーDS，Wii，PlayStation，Xboxとヒットが続いた。

　昨今は，当時ほど大ブレイクするゲームは登場していない。実際，大学生にどんなときにゲームをするのか尋ねてみると，「暇つぶし」なのだ。電車に乗ると，大半の人がスマートフォンやケータイをいじっており，そのうち何割かはゲームで遊んでいるが，おそらく大半は「暇つぶし」なのだろう。『ドラゴンクエスト』が，初めて発売された当時は，授業をサボってでも店頭販売の列に並ぶ中学生などもいたが，近年の子どもたちにとって，ゲームは，1980年代に育った子どもたちを魅了したほど魅力のある対象ではなく

なっている。1970年代・1980年代にゲームに熱中したゲームっ子世代は，すでに40歳を過ぎ，50代にさしかかっている。現代のネット時代の子どもたちは，インターネットもゲームもすでに珍しいものではなく，大きな魅力にとりつかれることもなく，ゲームっ子世代ほどゲームに熱中することもできず，ひたすら「暇つぶし」を求めて漂流しているのである。

　スマートフォンやケータイからの「暇つぶし」は，ゲームだけでなく，注目を集める動画・画像を生み出す原動力にもなっている。魅力的な動画・画像の作り方など，まったく教育されていない昨今の日本の若者は，低い技術力で注目を集めようと努力する。結果として，飲食店のテーブルの上に裸で座り，撮影しネットにUPしたり，コンビニエンスストアの冷凍庫のアイスクリームの上に寝そべって写真を撮ってUPしたり，盗撮動画やポルノ画像をUPするといった問題行動を引き起こす。そのようなことをすれば，威力業務妨害や公然わいせつ罪などに問われることになることが理解できていない。

　経済産業省の50歳代のキャリア官僚が，自分のブログに「復興は不要だと正論を言わない政治家は死ねばいいのに」などと書き込んで"炎上"する騒ぎが起きたり，女子高生殺人事件に対し，野球選手がTwitterで「『可哀想』とは思わない。……【なるべくしてなった】……自業自得だ」というようなツイートをし，炎上が起きるといった事件も起きている。

　このような大人の背中を見ながら，ネット上の子どもたちは育っているのである。ネット上で，大人がモラルある行動をとることができていれば，子どもは，それを見て育つことになるが，現状では，見本となる大人の言動があまりにもお粗末といわざるを得ない。

　いかにお粗末なネット上の書き込みをしている大人を見つけたとしても，学校段階を終えた大人を教育することは，子ども以上に難しい。残念ながら不可能といわざるを得ない。浄化できないが，薄めることはできる。モラルある大人が，モラルある書き込みや画像の発信を活発に行うことである。

　子どもに教えてもらってSNSを始めたという教師や保護者のSNSをみる

と，子どもの使い方と変わらない使い方をされている人が少なからずいる。何を書き込んだらよいのかわからないために子どもと同じように，書き込んでみているとのことだ。今どこにいるのか，いつ旅行に出かけるのかを個人が公開することは，自宅を留守にする時間帯を公表することになり防犯面からタブーな書き込みである。誰といつどこに出かけるなど，メールでやりとりすれば済むことである。

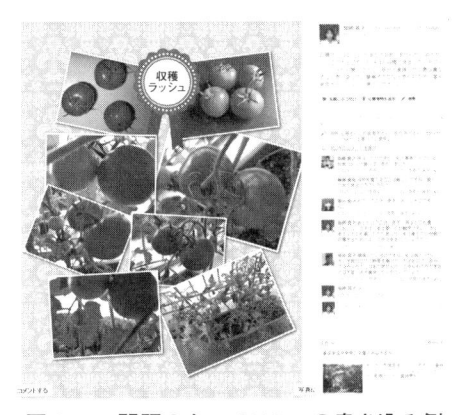

図 6-1　問題のない SNS への書き込み例
（トマト栽培記録）

それでは，何を書き込んだらよいかと聞かれることがある。そのようなときには，家庭菜園の記録や，ウォーキングの記録を書き込むことによって，継続する励みになったり，情報を共有できるのではないかとアドバイスをしている。問題のない SNS への書き込み例を図 6-1 に示した。

モラルある書き込みが増えれば，暇つぶしにネットを開いた子どもたちが目にする多くの情報は，モラルある書き込みが増え，それらをまねることにより，適切な情報発信が促されるであろう。

スマートフォンやケータイからの「暇つぶし」として発信される情報の中には，悪口，誹謗中傷，なりすましや，仲間はずれ，無視などいじめへ向かうこともある。平成 23 年度「児童生徒の問題行動等生徒指導上の諸問題に関する調査」について，文部科学省初等中等教育局児童生徒課の調査結果によれば，ネット上で誹謗中傷された経験を持つ日本の子どもは 7％にすぎないが，台湾の親子天下，天下雑誌教育基金會（2011）「2011 年青少年閲讀力調査」によれば，ネットいじめを受けた経験者は 12％であり，ネットいじめになる書き込みをした経験者は 40％である。アメリカの Bureau of Justice

第 6 章　暇つぶし　　39

Statistics, US Department of Health and Human Services, Cyberbylling Research Center（2012）の調査によれば，ネット上でいじめられたことがある子どもは52％であり，日本を遙かに超えている。

　おそらくそれはスマートフォンの普及率も少なからず影響していると思われる。2013年スマートフォン普及率を図4-1に示したとおり，世界47カ国中，日本は43位なのである。アラブ首長国や韓国，サウジアラビア，シンガポールなどでは，70％以上の人がスマートフォンを所有しているが，日本は24％程度に留まっている。すでに世界でこれだけ普及しているスマートフォンを日本だけ普及に制限をかけるとしたら，世界的にますます後れをとることは必然である。

　国立教育政策研究所生徒指導・進路指導研究センターによる，小学校4年生～中学校3年生に対する調査「いじめ追跡調査（2010-2012　平成25年7月）」によれば，一度もいじめを受けたことがない子どもは1割程度に留まる。すなわち，一度はいじめを受けた経験を持つ子どもは9割を占める現状である。これだけいじめが蔓延する中，使用を禁止されることはあっても，何を書いてよいのかを教わったことのない子どもたちは，使用をし始めたとたん，誹謗中傷やネットいじめの渦に巻き込まれる。

　被害に遭わないと同時に，意図せずに加害者にならないためにも，一人ひとりが情報リテラシーを身につけることが必要不可欠である。ふとした「暇つぶし」にちょっと書き込んだだけのつもりが，炎上を起こしたり物議を醸したり，いじめへ発展したりすることも少なくない現状である。

　情報リテラシーというと，道具の取り扱いだけをイメージする人もいるが，取り扱い方よりも言葉を知ることが基本である。新聞やテレビ，インターネット上にはさまざまな情報が飛び交っているが，人は誰しも自分のわかる範囲で自分に関係のある情報とない情報に無意識のうちに振り分けている。言葉を知らないと無意識のうちになされる判断を間違うことになる。

　たとえば拡張子の.exeがアプリケーションのファイルを意味することを知らないと，知人から送られたメールに添付された.exeのファイルを起動

させてしまうことになりかねない。知人から送られたメールに添付されているからといって，知人が添付したとは限らない。メールのデータはパケットと呼ばれる破片に分割されて送信され，受信側で元の形に再度組み合わされる。その過程でウイルスも紛れ込むことがある。生まれてホヤホヤのウイルスは，最新のウイルス対策ソフトでも検知不可能であり，機械には限界がつきものだ。人の知能に勝る機械はない。各自が適切に情報を判断する必要があり，そのためには，言葉を知らないと正しい情報の読み書き（リテラシー）ができない。サイバー犯罪を防ぎネット社会を快適に生きる第一歩は，老若男女問わず，情報リテラシーに必要な言葉を身につけることである。

第7章

リゾーム的に増殖するネットいじめ

　多くのネットいじめは，リアルな世界と密接に結びついていることが多い。ネットだけで閉じた関係のままいじめられた場合，たとえば本当は女性なのに少年Aとしていじめられた場合，アカウントを抹消することによりネット上から少年Aを消滅させることができる。本来の少女Aとしてアカウントを作り直すか，少年Bとしてアカウントを作り直すことにより，まったく別人として振る舞うことができるからだ。

　しかし，自殺に追い込むなど深刻化するネットいじめは，アカウントを作り直すことが意味を持たない場合が多い。なぜなら，学校の教室でのいじめ，会社やマンションでのいじめ，リアルないじめ関係がそのままネット上に場所を移動していたり，いじめる→いじめられる関係がリアルとネットでは逆転していたり，ネット上で知り合ったもの同士が，学校名などを名乗りあってリアルな接点を持った後にネットいじめが起きたり，なんらかのところでリアルと接点を有しているからだ。リアルと接点があると，アカウントを変えてもすぐに相手に知られることになる。あるいは，ネット上のアカウントとは関係なく，人に知られたくない秘密を暴露されたり，暴行を受けている動画や，惨めな写真をUPされるなど，暴露系のネットいじめの場合，深刻な事態を招きがちである。

　平成23年には，群馬県の前橋市でいじめ動画がYouTubeにUPされ，発

覚し削除された後も，元の動画の複製と見られる動画がニコニコ動画などのサイトにUPされ，根絶できなくなった事件があった。

　リアルに限定されたいじめの場合は，暴力をふるう，恐喝するなど，必ず加害者が誰であるかが明らかである。仲間はずれ，ものを隠す，悪口を言いふらすといった場合も，およそ誰がやったのか見当がつく。見当がついていても，解決されないまま自殺したり，脳挫傷や骨折など大けがを負うケースも起きているが，加害者が判明すれば，迅速に徹底対処することにより，最悪の事態は免れる。

　一方，ネットいじめの場合は，誰が加害者であるか判明しないことが多い。リゾーム（地下茎）[1]のように，同じ学校の人しか知り得ない写真や秘密がネット上に暴露され，SNSやブログ，メールなどで次々多くの人へ転送されていく。加害者は同じ学校の誰かだということはわかっても，それが誰なのか突き止めることは，捜査権のない一個人の力では不可能である。学校の先生に相談し，プロバイダに連絡し，判明している10種類のサイトから画像や書き込みを消したとしても，しばらく立つと，別のサイトに消したはずの書き込みや写真がUPされてくることがある。被害者との面識の有無にかかわらず，興味深い写真を見つけると自分のパソコンに保存し，「楽しい写真見つけた」などのコメントと共にブログや電子掲示板に書き込みを

---

1) リゾーム：リゾームとは，Rhizomeの音写語であり，「地下茎」の一種で「根茎」と訳す。哲学者ジル・ドゥルーズおよび精神科医フェリックス・ガタリの共著『千のプラトー』（1994）の中に登場する比喩的用語である。彼らは，伝統的な西洋の形而上学はある絶対的な一つのものから展開していくツリーのモデルをとってきたと解釈し，それに対抗して，中心も始まりも終わりもなく，多方に錯綜するノマド（Nomad，遊牧民）的なリゾームのモデルを提唱した。リゾームモデルによって，体系を作り上げそれに組みこまれないものを排除してきた西洋哲学を批判し，リゾーム（地下茎，根茎）をモデルに発想の転換を図った。リゾームモデルでは，どの点からも根を張ることができると同時に，厳密な意味での根や起源はなく，一つの中心の代わりにたくさんの中心，むしろ，それはもはや中心というより，節と結合がある構造体系である。リアルないじめをツリー構造，ネットいじめをリゾーム構造として，加納寛子編『ネットジェネレーション―バーチャル空間で起こるリアルな問題』（現代のエスプリ No.492，pp.40-53，2008，至文堂）において図説している。

する第三者がいたりするからだ。子ども同士悪ふざけで，言い合いをしていたブログであっても，そこへ，まったく見ず知らずの第三者が書き込んできて，悪ふざけから深刻ないじめへ発展する場合もある。第三者は言葉達者な大人であることもある。

　2ちゃんねるなどの掲示板で，特定の相手や事柄に関して必要以上の発言（暴言）を繰り返す「炎上」と呼ばれる現象に加担しているのは，発言内容から推察する限り，子どもよりも大人のほうが多いように思われる。今や「ネットいじめ」は多様化し，子どもだけの問題ではなくなってきており，ネットを利用するすべての人の問題として捉えるべきであろう。

　米国では，2008年の1月にミーガン・マイヤー（Megan Meier）という13歳の少女が，ネット上で「アカウント名：ジョシュ（Josh：よくある男の子の名前）」と名乗る男の子になりすました大人から嫌がらせを受けた後，首を吊って自殺するという事件が起きた。マイヤーさんは相手を16歳の少年だと信じていたが，実はジョシュは存在しなかったことが後で明らかになった。嫌がらせをして死に追いやった架空の人物「ジョシュ」は，マイヤーさんのかつての友人のお母さんを含む数名の大人たちが，マイヤーさんに嫌がらせをするためだけに作り上げたものであった。

　このような痛ましい事件が発生した要因は3つ考えられる。要因1は，元友人の母親がネットいじめの残酷さなどの情報モラルを身につけていなかったこと。要因2は，マイヤーさんが自殺するまで，元友人の母親らにネット上でいじめられていることが教師やマイヤーさんの親が認知できていなかったこと。そして，要因3は，「なりすまし」が規制されていなかったことである。

　日本では，まだ，元友人のお母さんらにいじめられて自殺をする子どものニュースは聞かない。だが，これは，まだ，親のパソコン操作技能が米国のように高くないためであると考えられる。なぜなら，『日米こどものインターネット利用調査』（加納，2008b）によれば，親のパソコン操作技能は，米国ではわずか6.1％が初心者だと回答しているにすぎないが，日本で

は38.9%の親が初心者だと回答している。その一方で，上級ユーザとパワーユーザを合わせたパソコンの「熟達者」の親は，米国では50.5%であるのに対し，日本ではわずか11.2%である。つまり，米国では，過半数の親がパソコンの操作には慣れているために，ネット上で，子どもの元友達をいじめてやろうとすれば，操作できてしまうが，日本では，そのように思ったとしても1割程度しか操作に慣れている者がいないために，まだ起きていないだけにすぎないと考えられる。

　大人による子どもに対するいじめではないが，2ちゃんねるなどのネット上の掲示板を見ると，大人による不謹慎かつ非道徳的な書き込みが多数存在する。「学校裏サイト」などで，子どもによる思慮の足りない書き込みが問題視されているが，それ以上に大人の書き込みにも相当数問題のある書き込みが多い。大人による誹謗抽象的な書き込みを見て，子どもがまねているにすぎない。

　ネットいじめの残酷さなどを教える情報モラル教育が，小学校・中学校・高校・大学等で指導されるようになったのはつい最近のことである。すでに学校段階を経て，社会に出てしまっている大人は，なかなか情報モラルを身につける機会がない。子どもに対する情報モラル教育も大切であるが，その前に大人に対する情報モラル教育が急務の課題である。そして，要因の2への対策としては，保護者に子どもの履歴を見守ることを普及させる必要がある。上記の調査によれば，子どもの履歴をチェックしている親は，米国では4割程度行っているにもかかわらず，日本では1割程度にとどまっている。さらに要因3に関しては，匿名性の廃止やWebサイトの検閲制度も必要なのではないか。もちろん，言論の自由は自由権の重要な一つで，検閲を受けることなく自身の思想・良心を表明する自由であり，言論の自由に反するという意見もある。これは，国際人権法で保護され世界人権宣言第19条，国際人権規約B規約にも規定されているものである。だが，自由権を擁護するために闇サイトの横行やネットいじめが起きているのも現実である。公の場で，特定の者に対して誹謗中傷を行うことは，言論の自由の本来の意味

のはき違えである。言論の自由の本来の意味を逸脱しない範囲で，法的規制も検討に入れていく必要があるであろう。

リアルでのいじめ

主ないじめの特徴として，
- 閉鎖性
- 固定された人間関係
- 集団主義

が挙げられる。閉鎖性といっても密室空間という意味ではない。満員電車の中やエレベーターの中など人が密室空間に閉じ込められる機会はあるが，密室空間だからといって，その中でいじめは起きない。学びの場といっても，自由にクラスを移動できるような学習塾や，授業ごとにメンバーがらりと入れ替わる大学などでもいじめは起きにくい。だが，朝から晩まで同じメンバーで過ごさなければいけない小・中・高は，閉鎖的な空間であり，人間関係が固定化され，自分勝手な行動は許されない集団主義の空間である。そのような空間では，細かいことに疑問を持って考え込んでいると，「のろま」というレッテルが貼られる。みんながドッジボールをしているときに教室の片隅で読書をしていると「根暗」というレッテルが貼られる。固定された集団と同じ服装や髪型をし，同じ持ち物を持ち，同じ考えを持っていないと排除される集団なのである。少しでも違ったものを排除しようとする思考回路は，校則の厳守も一翼を担っていたといっても過言ではない。今ではかなり緩和されたが，1980年代半ばの私が中学生であったころには，理解のできない校則がたくさんあった。その一つが，「靴下を必ず三折にしなければいけない」というものだ。入学早々，生徒会の上級生にしかられた。さらに不合理な校則は，4月に入ったら，どんなに寒い日であっても，「手袋やマフラーを着用してはならない」というものだ。風邪気味であったので，親が準備してくれた手袋とマフラーをして学校に行ったら，教員にしかられた。さらに，着用した手袋の色が，学校の規則から逸脱しているせいで給食

時間には体育館で正座をさせられた。今ではとても滑稽な校則と体罰ではあるが，1980年代半ばの公立学校の多くでは，どこでも校則が厳しく，正座などの体罰が日常茶飯事に行われており，同時にいじめが多かった。文部省によるいじめ発生件数調査によれば1985年は16万件近くいじめが起きていた。平成18年度「児童生徒の問題行動等生徒指導上の諸問題に関する調査」によれば，平成18年度のいじめ認知件数は，12万4,898件であるので，現在を上回る多さであった。1986年には東京都中野区富士見中学2年生の鹿川裕文君が自殺した事件では，4人もの教員も署名した色紙を生徒らが作り「死んでおめでとう」などと「葬式ごっこ」を行ったことがメディアで大きく報道された。メディアで報道されるいじめは，ほんの氷山の一角にすぎない。この事件を契機にいじめ対策がクローズアップされ同年には5万件程度，翌年1987年には4万件以下に激減したものの，当時のいじめに対する捉え方は，「いじめは昔からあった」「弱いからいじめられるのだ，強くならなきゃだめだ」「いじめられるほうも悪い」といった弱肉強食型であった。さらに「いじめは学校が確認したもの」と文部省が定義しており，生徒がいくらいじめだといっても教員が認めない限り，いじめと認定されなかった。したがって，隠蔽されたいじめも多かったと推測されるが，数の上では，1985年の16万件から激減していった。

　その後，生徒数も減少し，団塊の世代も定年には早く，教員の人余りが生じ，調整のために新規採用を極度に減らした1990年代には，徐々に教員の年齢層が高齢化した。ベテランだからこそできることも多いが，教員と生徒をつなぐ役割を果たす若手教員がいなくなり，生徒と教員の間の世代ギャップが大きくなった。もちろんさまざまな要因が積み重なり，学校に不適応症状を起こす子どもが増え，不適応症状の一つとして，いじめも増加した。このころには，「いじめはいじめるほうが悪い」という捉え方に変わり，「本人の申告によっていじめと断定」されるように進歩したものの，いじめであろうとその他の要因であろうと，集団主義から逸脱する者は，保健室やカウンセリングルームに排除された。排除されたと捉えるか，避難できてよかった

と捉えるかは認識の仕方一つであるし，ケースバイケースでもあるが，いじめられる生徒を排除する対応にはいささか疑問であった。学校で学ぶことの中には，教科の知識以外に，人とコミュニケートする方法であったり楽しさであったりする。保健室登校をするということは，いじめのターゲットとなったがために，知識以外の部分を学ぶ機会を逸してしまうことになりかねない。自殺するくらいならばひきこもりを勧めるが，いじめのターゲットになったからといって，いじめられた側を排除することは必ずしもいじめられる側の学ぶ権利の保障にはならない。人は一人ずつすべて違うのだから，少しでも違うところを探そうとすれば，誰をいじめのターゲットにすることもできる。少し控えめな子どもを「お前のようなやつのことをアスペルガーって言うんだって」などと，事実とは異なるにもかかわらず，大人の使う用語を使っていじめ言葉にすることもある。LDやADHDやアスペルガーの症状が見られる子どもたちへの手厚い対応は必要不可欠であるが，大人たちが，該当する子どもたちを排除しているという意識を子どもたちに与えない対応が必要である。

　完璧な人間などどこにもいない。弱いところを補いながら，共に育つ共育の場が教室である。ベルトコンベア式に，同一の入れ物に，どんどん知識を詰め込んでいく場所ではないはずだ。いろいろな人がいることを学ぶためにも，いろいろな個性を持つ集団を保つことこそ大切である。異質な個性を享受できない生徒がいるならば，集団の中でその生徒に多様性についての教育を行うべきである。もし，いじめられた生徒が，いじめた生徒がいる教室に戻れないならば，いじめた生徒を別のクラスに移動させ，いじめられた生徒は，何も悪くないのだから，元通りの場所で学べるのが一番である。いじめられた生徒を保健室登校などのように安易に教室から排除するのではなく，いじめた側を移動させるという点では，教育再生会議の中でのいじめた子どもを出席停止にする議論も少し理解できる。いじめた生徒がそのままいる限り，いじめられた生徒は何も悪くないのに元の教室に戻りにくいからである。いじめられた側を排除しないためにも，いじめた側をもとの教室から移

動させることには賛成だが，出席停止にしたところで，何も学べない。集団の中で，さまざまな個性がぶつかり合いながら学ぶことを教えない限り，異質な相手に出会ったときに相手を享受する方法を，いじめっ子はいつまでも学べなくなってしまう。自分と同じタイプの人間としかかかわれないままでは，社会に出たときが非常に心配である。いじめた側に何らかのストレスがあって，それが要因であるならばそれを取り除けば済む場合もあるかもしれないが，種々の要因が積み重なっているはずであるので，いじめられた側もいじめた側も排除することなく解決するためには，いじめた側向けの指導カリキュラムこそ必要である。

ネット上でのいじめ

　ナンシー・ウィラード（Nancy Willard, M.S., J.D., 2007）は，ネットいじめとは，「インターネットやその他のデジタル機器を用いて害のある残酷なものや言葉を送ったり公開したりすることであり，ネット上での社会的な攻撃」と定義している。そして，ネットいじめから子どもを守るための定石として，「子どもが小さいうちは，安全な場所でのみインターネットを利用させ，わかりやすくインターネットのルールを教え，10代になったら独立してネット上で適切な選択をできるように知識と技能を身につけるように育てるべきだ」と述べている。これはとても大切なことである。ネットいじめが騒がれ始めると，わが国の学校現場などでは，とかく，まだ小学生には早いなどと，ネットを子どもから遠ざけようとしたり，携帯電話を禁止にしたり，軽率な対応を取りがちである。禁止をされ抑圧的になればなるほど大人の目に触れない水面下に潜ってしまうだけで，事態を悪くする以外の何ものでもない。親がきちんと見守ることのできる範囲で，安心して利用できる環境を整え，発達段階に応じた情報モラルを教え，インターネットの新しい世界へ大人が子どもを適切にナビゲートすることによって，ネットいじめや犯罪から子どもを守ることができるのである。

　さて，具体的なネットいじめとしては，屈辱的な言動を浴びせるハラスメ

ント，評判や親交を損なわせるような誹謗中傷，残酷なゴシップや嘘，個人情報や秘密の公開，なりすまし，仲間はずれ，ストーカー行為などさまざまである。

主なネットいじめの特徴は，

- 閉鎖性
- 固定された人間関係
- 集団主義
- リゾーム的増殖性→炎上

が挙げられる。はじめの三つは，リアル世界のいじめとまったく変わらない。難病の子どもを救うための募金活動は「死ぬ死ぬ詐欺だ」という論調が始まると，「救う会」を「巣食う会」などと文字って，攻撃を始める。これは大人同士のネットいじめだが，見るのもおぞましい。「検証」などといって，難病の子どもを抱えて苦しんでいる家族の資産がどれだけだとか職業がどうだとか，いい加減な給与の予測で盛り上がったり，血も涙もない罵倒が延々と続く。削除されても，アドレスを変えて再現される。死ぬ死ぬ詐欺事件ように，間違った論調に異常なほど多くの賛同者が集まり議論が炎上したり，困っている相手・嫌がっている相手に，執拗に暴言を吐き続け連鎖し増幅を繰り返す，ネットいじめこそ文字文明最悪の醜態である。

さらに醜態を増大させる要因として，ネットいじめの素材は，リゾーム的に増殖し続ける可能性を否定できないという特徴がある。根こそぎクリーンな状態にリセットできないのである。根は，ある決まった起点から，副根や茎が出てきている。その意味で，根は，起源と枝分かれのイメージ，つまりヒエラルキー構造を表している。それに対しリゾーム（根茎）は，主根，副根の区別はなく，どの場所もさまざまな結びつきの起点のイメージとなる。

リアル世界のいじめはヒエラルキー構造である場合が多い。いじめ集団のボスがいて，手下がいじめるというヒエラルキーである。そのようないじめの場合は，ボスがいなくなれば，たいていいじめは収拾し再発する危険はほとんどない。それに対して，ネットいじめは，ひとたびネット上に置かれた

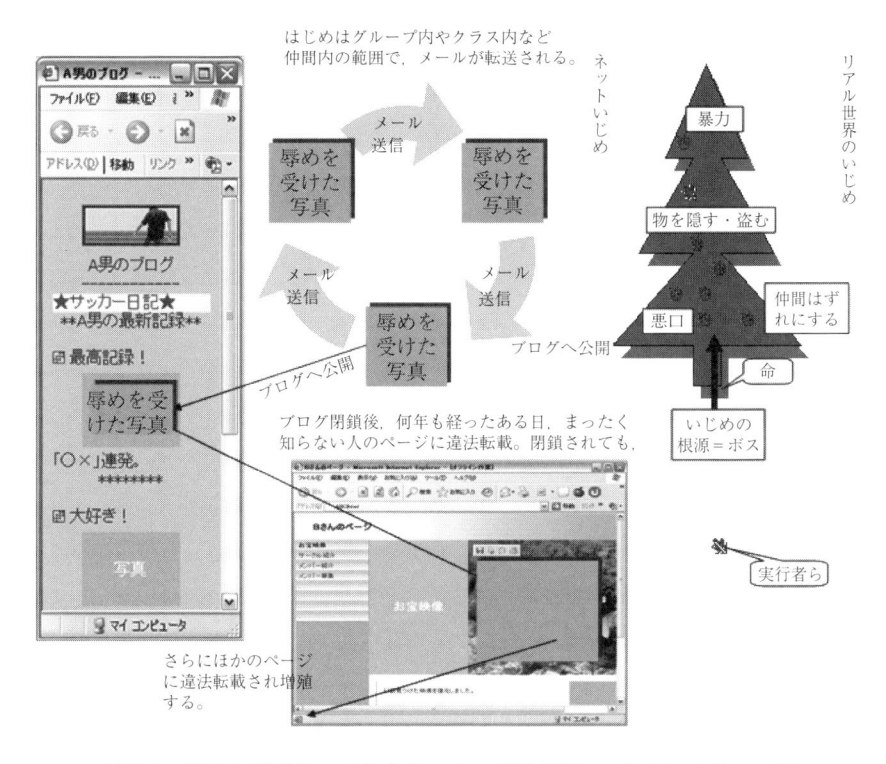

図7-1　リアル世界のいじめとネットいじめの違い（加納, 2008b, p.47）

写真などのいじめの素材は, どこかの誰かが保存していれば, そこを基点にいじめがいつ再発するかわからない。

　たとえば, 神戸のいじめ事件（p.54参照）の男子生徒の写真を, 加害生徒のパソコンから完全に抹消したとしても, わいせつ画像を収集し再公開する悪意の第三者によって, いつ何時ネット上に再現されるかわからないのである。

　リアル世界のいじめとネットいじめの違いは図7-1に示した。リアル世界のいじめでは, いじめのリーダーのいる場合が多い。リーダーの指示に従って, 周囲の実行者たちによって, 特定の人を仲間はずれにしたり, 悪口を

言ったり，上靴や鉛筆などを隠したり盗んだり，時には暴力を振るったりする。内気だからうざいとか，自分勝手だとか，いい子ぶりだとか，身につけているものが目立つとか，偽善者だとか，弱虫だとか，何とでも，いじめる理由はでっち上げることができる。リーダーが気に入らないと思った理由を適当にでっち上げて，いじめることを仲間内だけで正当化させていじめるのである。からかって，ストレスのはけ口にしている場合もある。根源となっているボスが入れ替わったり，仲間はずれにするメンバーが増えたり，いじめの実行犯が入れ替わったりするが，少なくとも閉鎖的な集団の中の出来事である。一方，ネットいじめは異なる。はじめはリアル世界のいじめのようにボスがいて，ツリー構造をなしていたとしても，まったく関係ないところに飛び火したり，ツリーが消滅しても，いつどこから湧いてくるかわからない。

ネットいじめには逃げ場がない

　ネットは，いつでもどこでも誰でもアクセスでき開かれているといえる側面もあるが，みなそれぞれが関心のあるサイトにしか立ち寄らない。大勢の目があるようで，意外に特定のサイトは，それぞれが特定の人にしかアクセスされていない非常に閉鎖的な空間である。Mixi などの紹介制 SNS は，原則として知り合い同士のネットワークがネット上で構成される。ふみコミュやモバゲータウンなどはアクセスする大半が 10 代に限定されている。大学生ですらもうあまりアクセスしない。特定の年齢層だけであると，偏った見方考え方をしていても，声の大きい（多数派の）方へ論調が流れていってしまう。反論すれば異端者とみなされ排除されるか総攻撃に遭う。非常に閉鎖的な空間である。それゆえ人間関係は固定化し，集団主義となり，異質なものを排除しようとする負の集団力学が働く。特定の集団だけの取り決めや慣習ができ上がる。とくに Second Life や Splume といったアバターが自由に移動し仲間づくりをしていく社会では，異質な多様性を互いに享受し合うというより，似たもの同士の集まりとなる。昔の閉鎖的なムラ社会に似た集団であり，ネット上の閉鎖的な集団構成を「バーチャル版ムラ社会」と命名して

いる（加納，2007）。

　リアル世界では，その集団への帰属に絶えきれなくなれば，逃げ出すという逃避方法がある。ボールが飛んできたらとっさに身をよける。暴力を振るわれそうになったら逃げる。これと同じ行動類型であり，ごく当たり前の人間の反射的行動である。いじめられたならば引きこもり，逃げたらいい。本田・堀田（2007）によれば，人生に引きこもりの時期を設けるメリットとして，

- 学校や職場に通い続ければ死んでしまう人も，緊急退避することで生き延びられる
- 同様に，学校や職場に追い詰められて犯罪者になるルートも回避できる
- ストレスで傷ついた精神が回復あるいは超回復する
- 世間から隔絶されるので独自の視点やアイデアを思いつきやすくなる
- 濫読や独学で個性的な知識体系を得ることができる
- 引きこもることによる不足感・焦燥感が，その後の人生における行動力・原動力となる
- 一時的に空白状態になることで，自分が本当にやりたいことが見えてくるかもしれない

という7項目が挙げられている。両氏とも高校を中退後大検を経て大学に入りライターになるという経歴の持ち主である。学校信仰の場から外れたときには，「おちこぼれだ」「人生，終わりだ」といった非難を受けたり，心療内科に連れて行かれたりしたとのことであるが，価値観が多様化した時代に適応する新しい生き方を提案し，自ら実践している。

　Second LifeやSplumeなどでも，自分のアバターを抹消することによって，存在を削除できる。SNSやプロフなどでも自分のページを削除してリセットすることはできる。だが，見ないでおこうと思っても，サイトを開けば人に見られたくない写真や自分に向けられたいじめの言葉が見えてしまう。仲

間内からだけ「うざい」などの書き込みがあったかと思うと，「きもちわるい顔」などと書かれて勝手に掲載された写真などに対して，見ず知らずの第三者が，さらに加勢してくる場合もある。たとえ，元になる画像を削除させたとしても，加勢していた見ず知らずの第三者が，別の場所で写真を公開し，非難や暴言が延々と続いていたとしても，現状ではプロバイダ法は形骸化しており効力は小さく，通報しても，警察からの要請がなければ対応できないという回答が多く，容易には，素材を抹消することはできない。フリーのアドレス，フリーの掲示板をネットカフェなどからも容易に作成することができ，見ず知らずの第三者に写真や個人情報が漏れると，なかなか回収することが難しくなる。

　たとえば，神戸で起きた高校3年生の男子生徒いじめ自殺事件などがそうだ。いじめの舞台となったのは，フットサル同好会の情報交換サイトとして，男子生徒の部屋で立ち上げられたホームページであった。男子生徒の裸の下半身の写真や，強引に開脚させた様子を撮影した動画を載せるなど，次第にいじめがエスカレートしていったのである。男子生徒のページは男子生徒自身が作成・更新したように装っていたが，男子生徒以外のメンバーが嫌がらせのために手を加えた可能性が高い。また，山梨県の県立高校2年の女子生徒がインターネットに開設したブログに中傷を書き込まれるいじめを受け，自宅で精神安定剤を大量に飲み自殺を図った事件もあった。

　ネット世界がいかに作られたものであっても，架空の世界では終わらず，リアル世界と必ず接点を持っているし，そのことを子どもたちもよく知っている。だからこそ，ネット上でいじめに遭うと逃げ場がないと思ってしまうのである。だから現実の自分を消すことによって終止符をうち，事態を収拾させようとする。

　大阪市内の私立中学校に関する話題を在校生らが自由に書き込む掲示板に，当時1年生の女子生徒について「うざい」「ブス」などと中傷する内容が書き込まれるという事件があった。後に，同じ塾に通っていた別の女子中学生（13）が書き込んだことが判明したが，この中傷を，友人から知ら

されて女子生徒が気付き，母親が掲示板のプロバイダにメールで削除を要請したときには，なかなか削除要請を受け入れてもらえなかった。プロバイダは「掲示板の管理人に言ってほしい」と回答して放置したのである。改めて管理人にメールなどで要求したが，応じてもらえず府警に相談し，府警のサイバー捜査担当者が，書き込んだ女子生徒と管理人の男を割り出し，ようやく掲示板削除に至ったのである。書類送検された「学校裏サイト」管理人は，大阪市内にある材木会社の社員の男（26）であった。「中傷にあたると分かっていたが，これくらいなら削除するに値しないと思った」と供述していたとのことであり，管理人の情報モラルが非常に疑われる事件であった。

　ISP（Internet Service Provider）が資本主義のサイクルにある限り，書き込んだ人を摘発することには，何のメリットもない。暴言を吐くユーザーも大切な顧客であり，片っ端から閉め出したとしたら，経営破綻してしまう。ログ[2]を保存すること自体利益追求に反する行為であり，半年程度でログを消してしまうISPが多く，警察に届け出て，実際に捜索を始めた頃には，ログは消されており，特定することは現時点では困難である。

　画像だけでなく，メールアドレスや電話番号，住所などの個人情報も，本人の意思に関係なく勝手に掲載されてしまういじめもある。たとえば，ある学校裏掲示板の一つでは，会話の流れから，「彼氏募集中！！　誰かメールください！！」とメールアドレスを載せている生徒は，自分で書き込んでいるわけでなく他人に書き込まれていることがわかる書き込みを見つけたことがある。

　また，図7-2は，ネット上の「うざい人紹介」のページからの抜粋である。見知らぬ人同士が，自分の身近な「うざい人」について書き込んでいる。掲示板に書き込んでいる多数の人たちは，なぜ相手を攻撃せざるを得ない心境にいたるのだろうか。いじめる側・悪口を書き込む側は，相手が悪いから書き込んでいるのだと思っているようであるが，いじめられる側・悪口を書か

2）ログ（log）とは，コンピュータの利用状況や，メール，SNS等の通信の記録のこと。

> 「○○とかマジうぜぇ〜〜〜マジ死ねしキモいってあぁぁぁぁ〜〜〜」「死ね死ね死ね」「マジ殺してぇ〜〜」「死ねよ。裏切り者。来年絶対いじめられるよ。みんな、お前が嫌いだっていってるし。」「しねしねしねしねしね〜〜〜この世から消えろーーー」
> 「お前なんで生きてんの？
> 死ねよ。
> お前なんか生きてる意味ないからー
> 笑
> つーかさぁー
> 何、いきっちゃってんのー
> うざいんですけどー
> え？自分が一番かわいいだとか思ってんの・・・・？
> ありえねぇーーー！！！！爆笑
> 鏡、見る？どこが、かわいいんだよー！笑
> ブスって事、自覚しろよなぁー！！！！！
> マジ死ね。すぐ死ね。今、死ね。」
> など、「死ね」「殺したい」という表現が連呼されている。こういった書き込みの中にも、書き込んでいる人へ向けて書き込むことのおろかさを述べている記述もある。
> 「ここに居る皆さんはきっと正面から言う勇気が無いんでしょうね。
> こんなところに書いてもストレス溜まるだけなのに。
> あーなんか心理学の本に書いてありましたが「●●死ね」「◆◆うざすぎる！」
> といったら、脳がしねやうざすぎるの部分だけ反応して、貴方自身に言っているのと同じになります。
> だから死ねとか言った後イライラするでしょ？
> あんまりお勧めしませんよ、周りからみたら可哀相にしか見えないですし。
> 私にむかつきたければどうぞご勝手に。」

図7-2　2ちゃんねる上の「うざい人紹介」のページからの抜粋

れる側の欠点は、とるに足らぬものの場合が多い。類似の掲示板では、「クラスのおさげ＆眼鏡女がウザイ。てか喋っててまったく面白くない」という記述を見つけたこともあるが、しゃべっていて面白い人ばかりなのだろうか。面白いだけの会話などかえって味気ない。おさげも眼鏡も非難される特徴というよりチャームポイントともいえる特徴である。

　インターネット上には、文部科学省や、教育委員会、各種メディアが作成したいじめに関するWebサイトの他にも、個人が書いたブログや電子掲示板等に多くのいじめに関する記事がネット上にある。個人の書いた意見の中

には，未だに，いじめられる方にも問題がある，いじめられる生徒は周囲のクラスメイトと仲良くしないからだ，等と，いじめを肯定する意見も見受けられる。その中の一つ，どこかの生徒の意見と思われる書き込みの一つに，「いじめは必要悪」であると，ひたすらいじめを肯定した内容の記載を見つけたことがある。いかなる理由があろうといじめは，いじめたほうが悪いと教員にしかられた後なのだろうか。この記述の中で「世の中理不尽なことが多い。それに対して社会が悪いのだ強いものが悪いといいわけするのは幼稚すぎる」という部分に着目したい。この部分から，この文章を書いている生徒自身が，誰かに理不尽な扱いを受け，口答えを許されず抑圧されている様子が推察された。自分自身が理不尽さを受け入れさせられているから，他人にもそれを押し付けようとしている傲慢さが感じられる。この生徒ように，いじめはいけないと頭ごなしに押さえつけるのではなく，いじめをしたいと思う気持ちはどこから派生しているのか，この生徒自身が押さえつけられて苦しんでいるストレスは何なのかを突き止め，それを解きほぐすところからはじめる指導こそがいじめの芽を摘む糸口となる。

第8章

エンターテインメント化するネットいじめ

舞台としてのインターネット
　動画サイトを見ていると，違法まがいの動画も多々見られるが，ネコが1匹2匹と鍋の中に集まってきて，くるっと丸くなって気持ちよさそうに眠り始めるネコなべ動画や，イヌとネコが仲良く寄り添っている動画など，個人が撮影したほのぼのとした動画も多々見られる。ペットの飼い主がペットの何気ないしぐさを撮影した動画であっても，何十万ビューを記録している。見てくれる人がいるから，ネット上に写真や動画をアップする。何の不思議もない行動だ。
　かつて，インターネットが現在ほど普及していなかった頃，多くの人にとって，メディアへのかかわり方は，見る，聞く，読むといった受動的なかかわり方でしかなかった。能動的なかかわり方といえば，たとえば，バンドの演奏を多くの人に聞いてもらおうと思えば，駅前などの路上で演奏し，通りかかる不特定多数の人に聞いてもらうなど，直接的な方法しか選択肢がなかった。しかし，インターネットの普及によって，だれもが発信者になることができるようになった。演奏の様子を録画し，それを動画サイトにUPすれば，世界中からアクセスできるようになり，インディーズにもかかわらず，何万人というファンを集めるバンドも出てきた。
　多くの人に見てもらいたい，聞いてもらいたい，読んでもらいたい動画や

文章が，かつてはメディアの発信者とは縁遠かった個人から，インターネットという舞台に発信されるようになった。ほとんど何の制約も受けず，アダルト動画や宗教的動画，おぞましい写真や麻薬売買などの違法情報，不適切な文書，そして，いじめの様子を録画したビデオに至るまで，あらゆる情報が舞台を舞うようになった。

　新聞やテレビ，ラジオといったこれまでのメディアも，地元の振興を目的としたような提灯記事や，政治的有力者を有利にあるいは不利に扱うような情報の提示など，偏った情報や事実の一部分だけ切り出してきた情報など，事実誤認につながる情報が発信されていることは多くの人に知られている。これらの情報に惑わされることなく，一人ひとりが自分で情報の信憑性を判断する力を身につけなければいけないということは，すでに何十年も前からいわれてきたことだ。高等学校普通科情報の指導項目としても，情報の信憑性を判断する力の育成は，重要な項目の一つとして挙げられているが，目の前に見た情報を完全に否定して認識する人は，まずいない。クラスメイトAが商品陳列棚から，商品を取り，あたりをきょろきょろ見渡しながらカバンにしまう動画を目の前にすれば，Aは万引きをする可能性のある人間だと印象付けることになる。実際は，やらせかもしれない。クラスメイトらに脅されて，万引きするしぐさを強要され，その様子を撮影されネット上に公開されただけかもしれないのだ。Aのことをよく知る人は，Aはそんなことをする人間ではないと，映像を否定し，真実を知ろうとするかもしれないが，特にAのことをよくは知らない人は，万引きしているところの映像だ，と，見たことを見たまま信じて通り過ぎていく。見たことが愉快であれば，拍手喝さいをしたり，ツイートしたりして多くの人に見たことを知らせようとする。その多くは，ネット上の情報は真実でないこともあることは十分承知の上で，笑いのツボが他者とも共有できると思えば，共有しようとする。見てくれる観客がいるからこそ，彼らは注目を集めそうな映像を舞台としてのインターネットに公開するのである。

インターネット上の情報は消されない

　2010年11月に尖閣諸島の動画の漏洩問題が新聞の一面に大きく掲載された。テレビやネットでも大きく報道された。当然問題となる動画は，いったんは消されるのかと思えば，一瞬たりとも動画が消されることはなかった。最初に見つけた動画のURLをブラウザのお気に入りに登録し，1カ月近く時折確認したが，動画投稿者が判明し，事の全貌が明らかになり鎮静化するまで，私がアクセスした折にアクセスできない日はなかった。尖閣諸島の動画の是非はここでは議論しないが，問題となる動画が消されない事実を確認することができた事件の一つでもあった[1]。

　逆に，アクセスできないことが問題になった事件があった。それは，中国でノーベル平和賞受賞者の劉暁波（りゅうぎょうは）氏を褒め称えるサイトが中国検索サイト百度などで検索不能になった事件である。中国国内のネットからは，劉暁波は受賞者に値しないという誹謗中傷記事のみが閲覧できたという情報操作事件である。つまり，特定の内容の記事を一斉に閉め出すことは，技術的には容易であることを示す事件である。

　ネットいじめに該当する内容は，多くの場合，尖閣諸島の動画と同様に，問題となり騒がれても削除されないか，削除されるとしても長期にわたって公開されたままになりがちである。実際，日本国内でもネット上に書き込まれた誹謗中傷や動画をプロバイダやサイト管理者に通報してもなかなか消されないという問題はよく耳にする。劉暁波を褒め称えるサイトが一瞬に検索できなくなるように，問題画像や動画を一斉に検索されないようにすることは，中国に限らず日本でも技術的には可能なはずだ。

　プロバイダ法（特定電気通信役務提供者の損害賠償責任の制限及び発信者情報の開示に関する法律）では，プロバイダが負う損害賠償責任の範囲を定

---

1) いったん削除され，新しいIDで新たに投稿されたならば，動画のURLは変わるはずだが，動画の投稿者sengoku38がどんな人物なのか明らかになる前から，沈静化するまでURLが変わらなかったので，どんなに騒がれても，一度たりとも削除されることはなかったと思われる。

められているが，ネットいじめの事件でこれが適用された事例はない。ネット上にいじめの写真や動画や書き込みを放置したプロバイダや検索サイトがあっても，日本ではそのことがマスメディアでニュースになることすらない。これまで調べた中では，唯一，イタリアのミラノでいじめの動画をネット上から削除しなかったために禁固となった事例があるにとどまる。いじめの加害者が罰せられると同時にプロバイダも刑事罰に処せられた事件だ[2]。イタリアの事件は世界中のマスメディアで報じられた。

　もし，ネット上にいじめの動画を放置したプロバイダが，ただちに執行猶予の付かない禁固刑になるとなれば，もっと迅速に削除されるようになるのかもしれない。あるいは，中国のサイトから劉暁波氏を褒め称えるサイトが一掃されたように，いじめと判断されるコンテンツが，UP されると瞬時に削除されるようになれば，モチベーションが下がり，やらなくなるだろう。

観衆と傍観者

　いじめ動画を UP する加害者は，UP された動画を多くの人が見て，それを信じ，くすくすと笑ったり，ちらっと目をとめる観衆や傍観者がいてくれることを期待しているのである。森田・清水（1989）によれば，いじめの陰湿さや手口は観衆と傍観者の反応によって決まってくるという。そして「いわば教室全体が劇場であり，いじめは舞台と観客との反応によって進行する状況的ドラマである」(p.30) と，観客となる観衆と傍観者を楽しませるドラマとして演じられる構図が指摘されている。図 8-1 は森田・清水（1989）によって作成されたいじめ集団の構造モデルである。この構造モデ

---

[2] 自閉症の高校生がいじめられている様子を撮影した動画が，インターネット検索大手の米グーグルの動画サイトに投稿されたのに，2006 年 9 月～11 月の期間にわたり，削除されず放置されるという事件がイタリアで起きた。いじめた生徒たちは罰金刑を受けた。さらに，グーグル・イタリアの元社長ら 3 人に対しても，2010 年 2 月にミラノ地裁は，プライバシー侵害の罪で禁固 6 カ月（執行猶予付き）の有罪判決を下した。いじめ動画を削除しなかったとしてプロバイダの刑事責任が認められ，刑事罰が下された世界初のケースといえる。

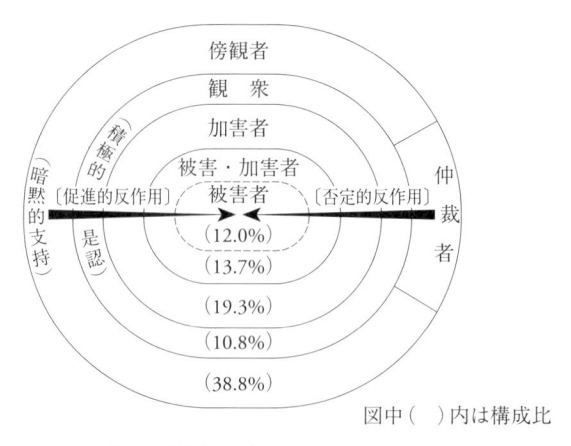

```
            傍観者
          観　衆
         加害者
       被害・加害者
（暗              被害者   〔否定的反作用〕              仲
  黙 〔促進的反作用〕 ►◄ ━━━━━━━━━━━━━       裁
  的 積           (12.0%)                        者
  支 極
  持 的              (13.7%)
）  是
    認             (19.3%)

               (10.8%)

             (38.8%)
```

図中（　）内は構成比

図 8-1　いじめ集団の構造モデル（森田・清水, 1989, p.31）

ルが作成された 1980 年代にはインターネットは普及しておらず，いじめとなる劇場は教室が想定されている。しかし，リアルないじめの写真や動画がインターネットを介して不特定多数の観客の見せ物となったり，掲示板に誹謗中傷が書き込まれ，書き込む加害者が観客と入り交じるようになった今では，観客の人数を把握すべはない。もちろん，ネットいじめが起こりうる動画サイトや掲示板などすべてにアクセス解析（どこの誰がアクセスしたかがわかるコンピュータプログラム）を設置し，それを監視すれば，何人アクセスし，どこの誰が書き込んだのか容易に判明する[3]。しかし，イタリアの事件でも問題となったグーグルの動画サイトなどでは，個人に開示してくれ

---

3) 筆者自身も自分のサーバーを管理しており，サイトにアクセス解析が設置してあり，時折，閲覧者の都道府県やプロバイダなどを観察している。閲覧者が利用しているプロバイダや IP アドレスなどのログも保管しているので，もし私の管理しているサーバーでネットいじめがおきれば，速やかに削除できる。民間のプロバイダは 6 カ月，あるいは 3 カ月程度でログを消してしまうが，私の管理するサーバーでは，これまでのログが一通りすべて保管してあるので，過去に遡って閲覧者などを割り出すことも可能だ。サーバーへの数千数万という単位でのアクセスによる海外からのサイバー攻撃には頭を悩まされているが，私のサイトでネットいじめ等の問題行動を起こした人はいないので，閲覧者がどこの誰かまでは突き止めたことはない。

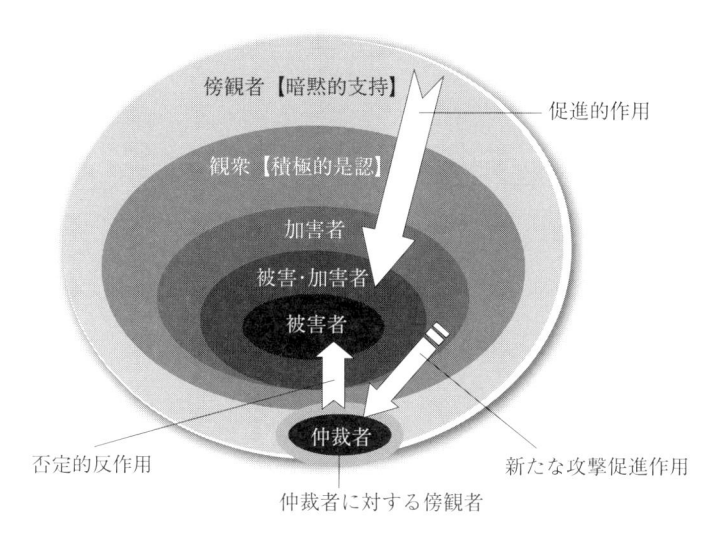

図 8-2　ネットいじめ集団の構造モデル（加納, 2011, p.47）

るようなアクセス解析などのサービスはない。つまり，ネットいじめでは観客は際限なく広がる可能性を秘めている。図8-2は，森田・清水（1989）によって作成されたいじめ集団の構造モデルをネットいじめにまで拡張した構造モデルである。ネット上では，仲裁者に対し暗黙的支持をする傍観者も現れる一方で，否定的反作用を引き起こす異物として，加害者から新たな攻撃を促進させることもある。

　ネットいじめは，参加型のエンターテインメントに近いため「エンターテインメント化するネットいじめ」と第8章のタイトルにさせていただいた。はじめは，傍観者あるいは観客として眺めていたところ，カレーを大きな口を開けて食べている写真など被害者が公開してほしくない画像や動画などを加害者がネット上に掲載し，「○○はキモキャラに賛成だと思う人」等のアンケートツールをそこへ貼り付ける。そうすると，今までは見ているだけだった，傍観者あるいは観客がアンケートツールの「賛成」ボタンを押す。ボタンを押すと「コメント」などを求める設定になっているアンケートツー

第8章　エンターテインメント化するネットいじめ　　63

ルが多く,「オエッ U キモ wwww」等と書き込むと,すでに,加害者となるのである。大半のサイトはアクセス解析等を設置できないため,統計的に割合を導くことは困難だが,加害者予備軍となる可能性のある傍観者あるいは観客が際限なく増加していく。

　図 8-1 との最も決定的な違いは,傍観者や観衆が際限なく広がる(実際は限られた人しか訪れず限定的であるが,理論上はネットにつながった世界中の人に閲覧可能だという点で際限がない)点である。観客が多ければ多いほど,ネットいじめという舞台の役者である加害者のモチベーションを高めることになる。

第9章

嘘が真実となる瞬間
――スリーパー効果――

　はじめは嘘だと思っていたことが，時間が経つと本当かもしれないと思えてくることがある。たとえば，次の二つの事柄を比較してみよう。

ア）「Aさんは病気のため学校を休んでいる」と担任の先生から聞いた。
イ）「Aさんは家出中のため学校を休んでいる」とネット上に書いてあった。

　Aさんが普段から真面目で家出をするような生徒に見えないと考えている人は二つのことを聞いた直後，ア）は信憑性が高く，イ）はデマだろうと考える。デマと考えていたイ）に関して「○子は神待ちサイト（家出少女等が一晩泊めてくれる相手を募集しているサイト）で知り合った人のところに泊まり込んでいるらしい」「薬付けになっていて，帰るところもわからなくなっているらしい」などとデマに尾ひれがついた書き込みを目にする。そして4週間ぐらい立つと，聞いた直後には密接に関連づけられていた［情報の内容］―［発信源］（［病気のため］―［学校の先生］，［家出中のため］―［ネット上の書き込み］）の関連が希薄になってくるという研究結果がある。ホブランドら（Hovland & Weiss, 1951）により**スリーパー効果（sleeper effect）**と命名されている。話を聞いたり見たりした直後は，信頼性の高い

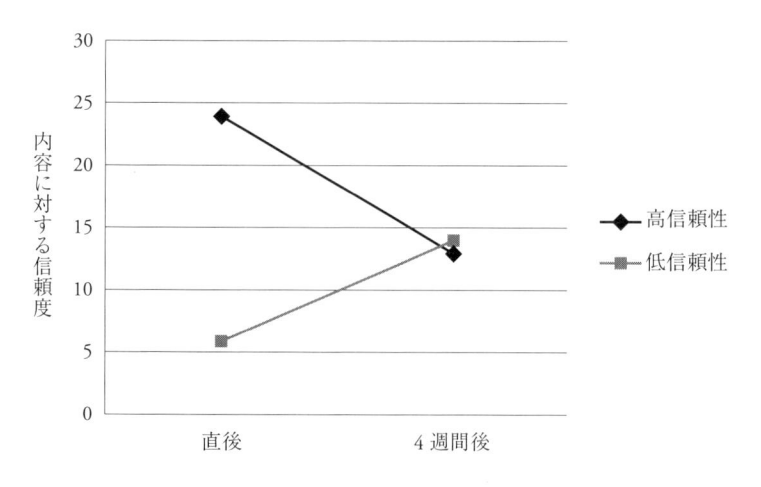

図 9-1　スリーパー効果（Horland & Weiss（1951）をもとに筆者が作成）

ところからの情報であるか否かが強く影響される。情報源の信頼性と内容が密接に結びついている。だが，しばらくすると，その影響力はかなり減少し，どこから得た情報であるか否かの差がほとんどなくなるか，逆転することもあるというのである。なぜ逆転するのかといえば，情報を得た直後は，信頼性の低い情報源だという意識が，内容を信頼しようという意識を抑制している。だが，時間が経つにつれ，信頼性の高低の記憶と，内容が分離され，はじめに抑制されていた反動で，強く信用するようになるのである。

冒頭の例でいえば，病気のためという先生の説明を信頼していても，4週間ぐらい経つと，ひょっとしたら家出をしてしまって行方不明になっているのではないか等と，信頼度が下がってくるのである。一方，ネットに書き込まれていることは，はじめはデマだと思っていても，4週間ぐらい経つと，本当のことのように思えてくる。

このようなスリーパー効果も手伝って，「U ゙⊇干ュ∞（自己中心的という意）」という掲示板のいたずらによる書き込みが，はじめは自己中心的とは思っていなかったクラスメイトに対しても，本当に自己中心的だと思う

ようになり，いじめられて当然という意識をつくってしまうこともある。以前，いじめられる方の子どもも自己中心的だからと真顔で答える教員に実際に出会ったこともある。

　スリーパー効果は，ダイエット食品や健康食品の売り込みの時にもよく使われる手口である。たとえば手口はこうである。「○月×日○×会場にて，先着50名様に○○麹を使った食パンを一人1斤差し上げます」といった広告を出す。○月×日○×会場に出向くと，すぐにはパンを配布せず，用意された椅子にまずは腰をかけて下さいと，着席を勧められる。パンをいただいてすぐに退散しようと思っていた人も，せっかく来たのだから，ちょっと座って，話につきあってみるかと思い椅子に座る。「まったく信じなくて結構です。少し私の話を聞いて下さい」とダイエット食品や健康食品の説明が始まる。その後パンが配布される。説明を聞いて，その場で直販品を買って帰る人もいるが，多くは，どんな商品かちらっと見るだけで，そそくさと帰っていく。その後4週間後ぐらい後に，そのダイエット食品の即売会を開催する，あるいは，テレホンショッピングやネットショッピングの案内を配布すると，結構販売が伸びるのである。ホブランドらによるスリーパー効果の分離仮説により，最初はうさんくさいと思っていた情報源の記憶と，話の内容が分離されてしまうからである。不信感を抱きつつも，話を聞かせることにより，記憶の片隅に話の内容がインパクトを持って刻まれれば十分なのである。インパクトを持たせるために，声の抑揚を変えたり，ビデオを見せたり，いろいろな工夫がなされる。話を聞いた際に，食パンが無料配布されるなど少し得をしたと思う出来事も同時に生起することにより，余分な時間を取られたと思う不快さも相殺され，エピソード記憶[1]としても不快な出来事としては記憶されない。食パンはスーパーやコンビニ，パン屋でいろ

---

1) エピソード記憶とは，心理学者タルヴィングが1972年に提唱した概念で，意味記憶とは対をなす対立的な概念である。意味記憶は反復練習などをして記憶するが，エピソード記憶は，幼い頃の記憶のように，特に覚えておこうと意識しなくても，自然に覚えているのがこの記憶の特徴である。

いろなパッケージのものを利用しながら生活しているため，配布された食パンの印象は徐々に薄れていく。ダイエット食品の話だけが，遠い昔の記憶のように，断片的に記憶されていることになる。聞いた直後はダイエット効果があると説明されても，まったく信じていなかった人が，4週間ぐらい経つと，信じてみようかなと思えてきてしまうのである。

　スリーパー効果が現れるための条件は，以下の2点である。

1）情報を得た直後の情報源の信憑性が低いこと
　情報を得た直後は，最も情報源の信憑性が，その情報の信憑性の判断に影響を与えており，情報源が信頼できないとわかると，情報源の信憑性の抑制効果が働き，その主張を信じなくなるのである。食パンを配るなどの手を使って人を集めて話を聞かせるとは，怪しげなダイエット食品に違いないとまったく主張を信じていない。しかし，時間が経過すると，情報源についての記憶が薄れていき，それまで抑制されていた説得効果が現れてくるというメカニズムなのである。「まったく信じなくて結構です」などと前置きをしているのも，ジワジワと後から効果を現れさせる重石として意味があるフレーズなのである。

2）最初のインパクトが大きいこと
　インパクトが薄ければ，人の意識の中に長期留まることはできない。早く話が終わらないかなとぼんやり聞いている時に，「80％の人に効果があったのです」などと突然声が大きくなったり，ビデオを見せられたりして，インパクトがあると，「……ダイエット食品……80％効果……」などとインパクトがあった断片的な話の内容を記憶の底にとどめておく効果につながる。

　この二つの条件が揃っている状況は，ネット空間では非常に生起しやすい。むしろ，ネット上で飛び交う情報の8割方が一つめの条件を満たしている。ブログ，SNS，動画サイト，どれを取っても嘘臭く信憑性の乏しい情報源であり，それを誰もが知っている。スタート時点で情報源に信憑性のない

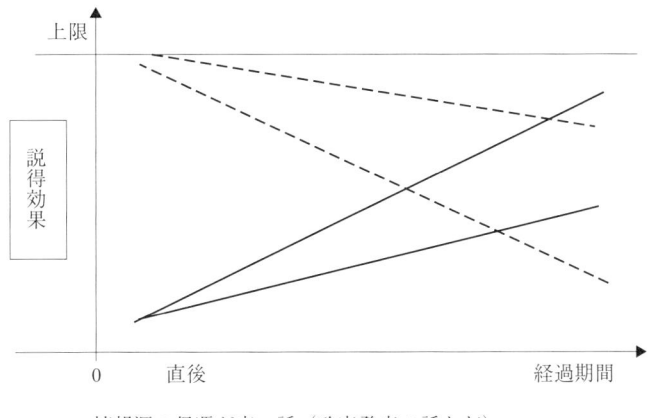

図9-2 ネット上で想定されるスリーパー効果

　- - - - - 情報源の信憑が高い話（政府発表の話など）
　――― 情報源に信憑性のない話（2チャンネルやLINE等で聞きかじった話）

情報は，それ以上に信憑性が下がることはなく，はじめはまったく信じていなくても，ひょっとしたら，あの話は本当だったのではないかなどと説得効果が増す。情報源の信憑が高い話は，聞いた直後が最も説得効果が高く，東日本大震災の時に，最も信頼できる情報源と考え政府の発表に固唾をのんで耳を傾けた人々は，原子炉から汚染水が漏れていることが報じられた直後は政府の発表を信用していた人々も，ブログやSNSでさまざまな情報が飛び交うと，一転して政府の情報は信頼されなくなり，隠していると考える人々が急増し，政府発表の説得効果は激減した。内容によっては，激減しない場合もあるだろうが，情報源の信憑性が高い話は，聞いた直後の説得効果を上限として，下がることはあっても上がることはないのである。

　このようなスリーパー効果も手伝って，「Ｕﾞ⊇干ｭ∞（自己中心的という意）」というブログやSNSへののいたずらによる書き込みが，はじめは自己中心的とは思っていなかったクラスメイトに対しても，本当に自己中心的だと思うようになり，いじめられて当然という意識をつくってしまうことも

あるのである。「不細工」などの容姿に対する書き込みも，悪口がささやかれたりネットに書き込まれることにより，他にも不細工な人はたくさんいると思っても，嘲笑の対象となってしまうのである。「〇〇さんは万引きしているらしいよ」というデマの書き込みを誰かがすると，根も葉もないデマであっても，時間が経つと本当かもしれないと思う人が出てきてしまうのである。

　各種ネット上の書き込みスペースを見る限り，子どもよりも問題のある大人の書き込みが散見される。根拠の有無を問わず，他人に対する悪口や誹謗中傷・負の印象を広めるようなことは，絶対にネット上に書いてはいけないことを，すべての人に理解させる必要がある。

第10章

ネット上のデマが信頼されやすい理由
――ランチョン・テクニック――

　健康食品やダイエット商品などの商品頒布会では，来店者に椅子を勧め，温かいお茶やジュースやお菓子などでもてなし，ゆったりとした音楽が流れていることがある。このような雰囲気作りはラズラン（Razran, 1938 ; 1940）により**ランチョン・テクニック**と呼ばれており，根拠なく行われているのではなく，人はリラックスし，気分のよいときには話を受け入れやすいことが心理実験でも明らかにされていることなのである。

　ジャニスら（Janis, I.L., 1965）は，がん治療や空軍の規模縮小，月旅行，立体映画などについて説得する文章を読んで，その話を受け入れるか否かの実験を行った。コカコーラとピーナツが振る舞われた参加者は，そのようなサービスのない参加者に比べ，説得的方向に向かった（読んだ文章の論調の方向に受け入れた）という結果であった（表10-1）。いずれのテーマにおいても，コーラ・ピーナツ有りの方が，説得方向に変化した割合が高い結果となっている。

　健康食品やダイエット商品などの商品頒布会の他にも，高級クラブで商談を進めたり，高級料亭で政治家らが話し合いの場を設けたりするのも，実際うまく商談がまとまったりするために行われているのであろう。

　飲酒運転はやめようとか，誹謗中傷の書き込みをやめようとか，社会の

表 10-1　コーラ・ピーナツの有無による説得効果（Janis, I. L. et al., 1965）

テーマ		コーラ・ピーナツ 有り（％）	コーラ・ピーナツ 無し（％）
がん治療	説得方向に変化した人	87.4	74.6
	変化しなかった人	6.3	12.7
	逆方向に変化した人	6.3	12.7
空軍の規模縮小	説得方向に変化した人	67.2	47.6
	変化しなかった人	32.8	47.6
	逆方向に変化した人	0.0	4.8
月旅行	説得方向に変化した人	67.2	50.8
	変化しなかった人	20.3	28.6
	逆方向に変化した人	12.5	20.6
立体映画	説得方向に変化した人	76.6	71.5
	変化しなかった人	14.0	17.4
	逆方向に変化した人	9.4	11.1

　ルールやモラルを守ることに向かうメッセージであれば，この方法は，人をよい方向に導くために有効である。だがそうでないメッセージにも有効に働いてしまう点が問題である。

　ネット上の書き込みの話に戻すと，「将来殺人犯になりそうなやつランキング第１位○男，将来自殺してそうなやつランキング第１位○男，何考えてるのかわからない人ランキング第１位○男」等が学校裏サイトのクラス内何でもランキングで行われることがある。こういった書き込みを見るのは，たいていリラックスしているときである。好きな音楽を聴きながらであったり，ジュースやお菓子をつまみながらであったりする。ランチョン・テクニックの説得効果が上がる環境でネットの書き込みを見ていることが多い。クリティカルに見るよりも，半信半疑ながらも書かれていることをそのまま受け入れやすい心理状態なのである。

　明確な敵意を持って，相手を傷つける書き込みをするというよりも，恐ろしいことに，暇つぶしに書き込んだことや，面白半分で始めたランキングなどをきっかけに，場の雰囲気に流されて，傍観者から観衆となり，"気軽に"加害者になっていくのである。

はじめは気軽に行われたであろうランキングが，某中学校で卒業文集に載せられたことがあった。「心の狭い人」「離婚しそうな人」「ゴキブリ並みの人」「ストーカーになりそうな人」等のランキングが載せられ配布され，保護者からの抗議により発覚し回収されたのである。表計算ソフトで集計しグラフを作成することは容易であるし，たとえ表計算ソフトが使えなくてもネット上で簡単にアンケートを作成すると，自動集計されて表示される。中学校では技術家庭科の中で，グラフを作成の操作を実習として学ぶ場合もあるが，情報リテラシーとして学んでいるわけではない。表現された情報をどう読むか，表現してよいこととよくないことの判断を学ぶような情報リテラシーを学ぶことなく，操作だけ習得している教育に問題がある。SNS等の無料のアンケート作成機能を使用したアンケートを見ると，人を不快にさせる要素を含んだアンケート結果が多数散見される。

　だからといってSNSのアンケート機能を禁止する必要はないが，誰も人を傷つけることのないSNSアンケートの例を，もっと多く例示していくべきだ。社会科の資料集に載っている貿易品目のグラフなどを作成する練習をしても，子どもたちがSNSアンケートを作るときには，実際にすでに公開されているSNSアンケートをお手本にしてしまうと考えられる。お手本の中には，子どもだけでなく大人が作ったであろう誹謗中傷につながるアンケートなど，お手本にしてほしくないアンケートが多数存在する。

　SNSのアンケート機能では，簡単なものしか作成できないため，情報科学や統計を学ぶ上で使用するには不向きであるが，面白半分にランキングいじめなどにアンケート作成機能が使用されることを防ぐための，誹謗中傷につながらないフェイスブックのアンケート機能を使ったアンケートの一例を示す。「TBS日曜劇場『半沢直樹』最終回——リアルタイム視聴大イベント！」[1]が，フェイスブック上で行われた。単に，自宅でテレビを見ながらつぶやこうというイベントである。その中で「最も印象に残った言葉は？」

---

1) https://www.facebook.com/events/360512134079180/

図 10-1　Facebook アンケート

というアンケートを作成したところ，314名から回答があった。「半沢直樹次長……営業企画部部長職として，東京セントラル証券への出向を命じる！」が112票，「俺はお前を許さない。自分のしたことを，一生悔やんで生きろ」が78票，「やられたらやり返す。倍返しだ！」が35票であった。

　人を傷つけないアンケートのポイントは，人が好きか嫌いかなど，特定の人に対してアンケートを採らないことである。主人公に共感をする人もいれば，必ずしもそうでない場合も，いろいろあってよい。だが，それのランキングを取り不特定多数に公開することのデメリットを超えるほどの意義はない。それに比べて，「印象に残った言葉」を問うことは，多様な偏りを包摂する。好きな言葉を聞いているわけでも，嫌いな言葉を聞いているわけでもない。プラスの意味で印象に残る場合もあれば，マイナスの意味で印象に残る場合もある。登場人物に共感して，その言葉に印象が残った場合もあれば，反感を持ち残る場合もある。このアンケートを採ったところで，視聴者の詳細な分析ができるわけではないが，どんな台詞に印象を持ったのか，概要を知ることはできる。自分で脚本を書いてみようと思っている人ならば，脚本の台詞のヒントぐらいにはなるかもしれない。もし，視聴者の詳細な分析をしたいのであれば，ダイレクトに一般公開できるSNSアンケートでなく，結果は非公開のアンケートを作成し，詳細に分析した後に，考察とともに結果を公表することが望ましい。

　SNSのアンケート機能を利用したいじめが起きたからといって，それを禁止しても解決にはならず，SNSのアンケート機能では作ることがなさそうな複雑なグラフ作成方法を学んでも十分ではなく，根本的な解決のためには，実際にSNSのアンケート機能を用いて，誰も傷つけることのないアンケートを作る実践的な授業を通して習得できる。「傷つけないアンケートを作ってはいけない」ということはたやすいが，フォーマルなアンケート項目を作ることは案外難しい。ネット上には公正さに欠けるアンケート項目や結果が多数見受けられる。

第11章

匿名性の是非

　"気軽に"加害者になっていく背景の一つとして，簡単には突き止められない「匿名性」がある。たとえば，将来殺人犯になりそうなやつランキングに「ポチッ」と，自分の票を入れたからといって，あとからそれを突き止められてとやかく言われることは現実的にまずあり得ない。そのようなランキングアンケートがネット上から消されないだけでなく，ランキングの結果が学校でとりまとめられる卒業文集の中にまで残されることがあり，時々問題となることがある。問題となった後に，誰が「将来殺人犯になりそうなやつ」という項目を立てたのか尋ねても，「みんなでつくった」と，誰がつくったかもうやむやにされてしまうことも多い。現状では，学校がプロバイダにランキングを書き込んだ生徒の追跡を依頼しても，「通信の秘密（電気通信事業法第4条第1項において「電気通信事業者の取扱中に係る通信の秘密は，侵してはならない」と定められている）」を盾に追跡してくれることはない。

　それゆえ，一部で，匿名性の廃止やWebサイトの検閲制度が提案されている。一方で，言論の自由に反するという意見もある。言論の自由は自由権の一種で，検閲を受けることなく自身の思想・良心を表明する自由を指す。表現の自由の根幹をなすと考えられ，今日では国際人権法で保護され世界人権宣言第19条，国際人権規約B規約にも規定されている。だが，自由権を

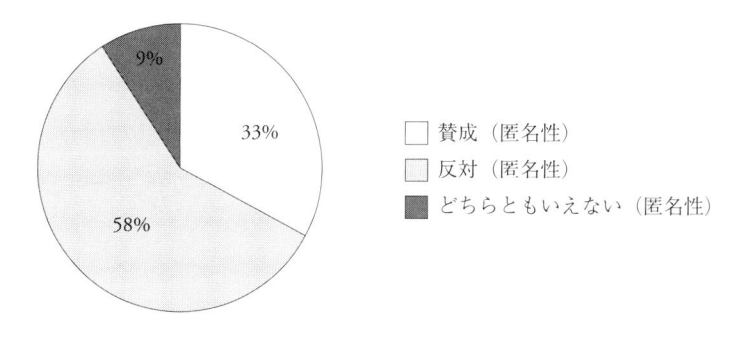

図 11-1　匿名性廃止についての賛否（加納, 2011. p.54）

擁護するために闇サイトの横行やネットいじめが起きている。

　匿名性の廃止に関して大学生はどのように見ているのか，山形大学の担当している授業の受講生に尋ねた（図 11-1，2008 年，1 年生，有効回答者数 112 名）。匿名性廃止へ反対，すなわち現状どおり匿名性を続けるべきだとの回答が，65 名で過半数を占めた。その理由として，「匿名性であることの利点もあると思うので一概に廃止すべきとは言えない」「匿名性を廃止したら，書き込む人がいなくなり掲示板が成り立たなくなると思う」「匿名性を廃止し投稿者の欄に本名を載せたら，新たないじめが発生すると思う」という意見や，「匿名でなければ書き込みにくいものもあると思うので，匿名性の廃止には反対である。しかし，それでは何も解決しないので，書き込むことによって誰かが不利益を被るような「禁止ワード」を書いた際には，自動的に記名しなければならないようなシステムを作ればよいと思う」のように，基本的には匿名性廃止には反対であるが，禁止ワードによっては記名が必要なシステムの提案もあった。一方で，匿名性廃止に対して賛成の理由としては「悪いことをしているのだから，プライバシーの侵害なんて言ってる場合じゃないと思う」「匿名性を廃止すれば，自分の発言に責任を持つようになるし，特定の個人としてみんなに見られていると思えば，悪いことはできないはずだから」「闇サイトやネットいじめで他人の人権を侵害している

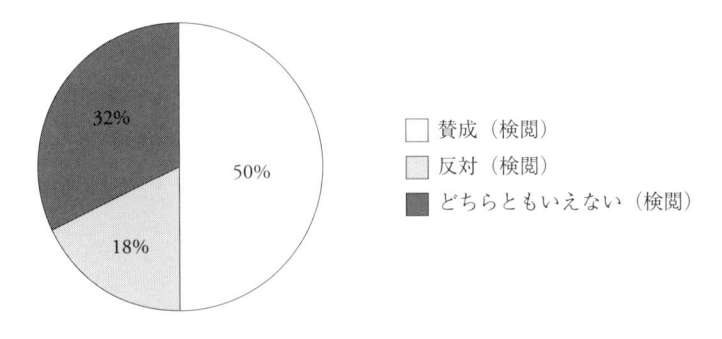

図 11-2　検閲制度についての賛否（加納，2011, p.54）

人は言論の自由を主張する権利はないと思う」などのように，廃止にすれば，責任を持って発言をするようになるという指摘や，他人の人権を侵害することに対して表現の自由を主張する必要はないという理由が挙げられた。

　また，Web サイトの検閲制度に関して賛成であるか反対であるかについても学生に尋ねた（図 11-2，2008 年，1 年生，有効回答者数 50 名）。これについては，半数（25 名）が賛成であった。賛成の理由として，「害のあるサイトを排除するためには必要な物だと思うため」「被害が減るのであれば行うべきだと思う」「物事にはある程度の縛りが必要。検閲することは当然必要だと思う」等のような全面的賛成者のほか，「戦時中の日本のように間違った価値観を教育によって埋めこまれる可能性がある。よって，検閲は犯罪かどうかの最低限の検閲にすべきである」のように，最低限の検閲にすべきという懸念付き賛成者や，「検閲することには賛成だが，検閲をするためには明確な基準などが必要になってくるため，そこでまた衝突が起こり事実上不可能だと思う」のように，賛成だが実際は無理だろうという意見もあった。また，反対の理由としては，「Web サイトはとてつもない数が存在しているため，現実的に考えると，いつも検閲するのは大変だし，検閲によりサイトが一時的に減っても，次から次へと出てくるのでキリが無いと思う」「基準が性別，年齢，世代によってまちまちで実現は難しいと思う」等のよ

うに現実問題として無理だろうという意見であった。実際は検閲しようとすれば，機械的に行うため，無理ではない。だが，国家権力の介入から，現代のような表現の自由などの権利を勝ち取った歴史を顧みれば，容易に検閲すべきだとも言い難い。

　ネットを介して展開されるいじめは，傍観者や観衆といった観客が際限なく広がる。観客がたくさんいると思えば，ネットいじめの舞台に立つ加害者は，さらに観客の注意を引こうといじめをエスカレートさせる。はやし立てる観客にも，アンケートなどの形で，参加を求める。すなわちネットいじめは，観客参加型のエンターテインメントに似ている。エンターテインメントは観客がいなければ成り立たない。しかも，匿名性ゆえに，誰でも気軽にいじめの輪の中へ，加害者として参加していける。ならば匿名性を廃止すれば解決するのか，サイトをすべて検閲すればよいのか，それほど単純な問題ではない。解決策の提案は「第28章　ネットいじめの分類と対処法」の章で詳述することとする。

第12章

仮想世界でのいじめ問題

　もし，仮想世界が現実社会と一切接点を持たないならば，子どものままごとの世界のままである。しかしながら，世界中に利用者を増やし続けている仮想世界が完全に仮想空間のまま存続し続けることはない。仮想世界「Second Life」の利用者たちは，「リンデンドル」を通貨として使用し，中国のネット大手「テンセント（騰訊控股）」の利用者は「QQコイン」で取引する。さらに，2008年に「ナカモト・サトシ」と名乗る正体不明の人物が，電子通貨の通信規約とプログラムを公表したのがきっかけで，2009年2月から利用が始まった仮想通貨に「Bitcoin」と呼ばれる通貨がある。この通貨の「取引所」を運営するオーストラリア在住の少年は，顧客から送金を依頼され，ネット上で操作していたところ，ハッカーに侵入され，複数の口座から合わせて4100 Bitcoinが強奪されたと，2013年11月，米ABCニュースに通報があった。現在Bitcoinの流通量は約39億ドル（約3,900億円）と推計されており，2013年12月5日公開されたBank of Americaの最新レポート[1]によると，「Bitcoinは将来的に成長する可能性を秘めており，Eコマース[2]における主要な支払い手段・資金移動手段となる可能性があり，既存

---

1) https://s3.amazonaws.com/s3.documentcloud.org/documents/885843/banks-research-report-on-bitcoin.pdf
2) Eコマースとは，インターネット上における電子商取引のこと。

の送金サービスと肩を並べる存在になるかもしれないとわれわれは考えている」と指摘している。

　仮想世界で現実世界の通常のマネーのように強奪事件が起きたり，有望なEコマースと考えられたり，仮想世界と現実世界の境界がますます曖昧になってきている。つまり現実世界で問題になっていることは，仮想世界でも問題になってくる。

　代表的な仮想世界の一つ Second Life でもいじめが起きていることが，イギリスのノッティンガム大学ビジネススクールのトーマス・チェスニー（Thomas Chesney）博士らの調査団によって報告された（Amanda, 2007）。

　ノッティンガム大学の調査団を代表するアバター「クレイ・クレーマー」が住民を集め，約50人から回答を得た。住民にはいじめの経験と，それに対する対処法について尋ねた。4つのフォーカスグループでの話し合いの模様は，現実世界のノッティンガム大学でチェスニー博士らが観察し，映像とテキストを保存した後，分析がなされた。現実世界でのいじめと，基本的に同じである。特徴は主に3点のようだ。

　新入りがいじめのターゲットになりやすい。特に Second Life では，知識や経験が少ない新人は，防御する方法がわからず，ダメージを受けやすい。

　数名のグループで，一人に暴力をふるう。暴力の中身は，発砲，剣で攻撃する，騒音を出したり，追い回したりする行為である。制作物の破壊。家などを作成しようとすると，じゃまをしたり破壊したりする行為である。特徴の後者2点は，現実世界であれば犯罪行為となるが，アバターに対する危害では，法的には犯罪行為にはならず，単なる嫌がらせ，いじめ行為となる。チェスニー博士らの調査団によるフォーカスグループでは，このようないじめにどう対処するかを話し合った。話し合いで，いじめられた住民は，ほかの住民と協力して所有地からいじめる相手を締め出す，被害届けを出す，アバターをうまく使って個人攻撃から身を守るなどの対処法の提案などがなされた。さらに，フォーカスグループからは，Linden Lab に対して，いじめ処罰を強化するよう提案されたが，住民の問題は住民同士で解決する方針であ

るという回答であったようだ。

　確かにSecond Lifeのようなバーチャル版ムラ社会では,「第7章　リゾーム的に増殖するネットいじめ」の章で指摘したネットいじめの特徴「閉鎖性」「固定された人間関係」「集団主義」「リゾーム的増殖性」が現れやすい。Second Lifeを運営するLinden Labは,規約の中で「住民同士の諍いは住民同士で解決すること」を謳っている。つまり,ムラでのしきたりが支配するのである。自分たちの住みよいムラは,みずからの手で築くという,新しい国の始まりのような楽しさもあるが,おそらく,われわれの文明が事細かにルールを決めてきたように,事細かなルールを決めていかない限り,Second Lifeムラの諍いは,いじめに留まらず,今後も浮上してきて,住民の自治だけに任せておくというLinden Labの方針は,Second Life設立当初の古き良き時代の産物となるだろう。

　手始めに「児童ポルノ問題」は,住民の自治だけに任せておくことができず,Linden Lab社の規制が加わった。ドイツのテレビ局ARDが2007年5月に,成人男性の姿をしたアバターと,児童の姿をしたアバターが,性的行為に及んでいる画像をとらえたことから始まった。ARDがLinden Labに通知し,調査したところ,アバターを使っていたのは54歳の男性と27歳の女性であった。実際の行為者は成人であっても,両者は即座にSecond Lifeの利用を禁じられた。さらにARDによって,Second Life内で児童のわいせつ写真が発見された。Linden Labは児童ポルノ問題について断固とした態度で臨み,かかわったユーザーに対して永久にSecond Lifeの利用を禁じるとともに,法的機関に通告するという方針を明確にした。またSecond Lifeは現在でも未成年の利用を禁じているが,今後はパスポートや社会保障番号などによる,電子的な年齢確認システムを導入する予定であることを明らかにした（ITmedia News[3]）。

　アバターが3Dのサイバースペースを行き交うコンテンツはますます今後

3）ITmedia News（http://www.itmedia.co.jp/news/articles/）

増えてくるだろう。「児童ポルノ問題」のように，やはり，現実世界に存在するルールは，仮想世界にも制度として確立させていく必要がある。

　アバターだけでなく，仮想世界のペットへの癒やしを求める人も増えてきている（Chesney, et al., 2010；加納，2012）。日本とイギリスとアメリカの間にバーチャルペットに対する親近感に関しては違いがあるか否かついて比較した。その結果，日本人はバーチャルペットに対して最も親近感を持っており，2番目はアメリカ人であり，イギリス人は最も親近感を持っていないことがわかった。自分の分身であるアバターだけでなく，バーチャルペットも仮想と現実の狭間で存在感を持ちつつある今，仮想世界にも現実世界と等しくルールを整備することによって，安心して仮想世界を楽しむことになるであろう。

第13章

子どもよりひどい大人のいじめ

　いじめ問題というと子どもの問題ととらえられがちだ。たとえばNHKの番組との連動サイト「いじめをノックアウト（http://www.nhk.or.jp/ijimezero/）」「NHK　いじめ，なにソレ？　というほうへ（http://www.nhk.or.jp/ijimezero/）」，「エデュカチオ！　尾木ママスペシャル～いじめと向き合うために～（http://www.nhk-ondemand.jp/goods/G2013050806SA000/index.html?capid=nolijime005）」など，いずれの番組も，保護者や学校の先生などの大人は絶対にいじめをしない存在として番組が作成されている。実際の学校へ出向き，たくさんの児童や生徒が登場し，学校の先生や行政関係者の人へのインタビューや取り組みの紹介が行われ，リアルさを出そうとしている点は評価できるが，残念ながら人の本性や本質に触れることはない。まったく関心がない人へ関心を持ってもらうためのきっかけ作りにはよいだろうが，表向きのきれい事，耳触りのよい宣言（フレーズ）を何万回聞いても，見ても，おそらく9割を占めるいじめにかかわる当事者[1]の心へどれほど響いているのか疑問が残る。9割の子どもがかかわる実際のいじめ場面で，行動に移せる取り組みへ拡大していくことを期待する。

---

1)「第1章　いじめは常時起きている」で述べたように，いじめの被害者も加害者も全体の9割を占める。

上記に比してフィクションの方がリアルに近く胸をえぐられるような心情が描かれている作品がある。いじめ自殺をテーマとして扱ったドラマの一つ「人間・失格～たとえばぼくが死んだら」（1994 年 7 月～9 月放送，TBS 系列）である。学校で飼育されているウサギの血が抜かれて惨殺されるなどの残酷な場面が批判されたが，陰湿ないじめの加害者・傍観者の残酷さが，包み隠されることなく克明に描かれている作品だ。野島伸司脚本のドラマにしては高視聴率を記録しなかったが，最終回は 28.9% であった。主人公誠がいじめの標的になるきっかけは，学級会でのいじめに関する討論の中で，他の人と異なる意見を述べたため反感をかったことだ。体育教師や写真部の顧問もいじめる側に荷担している。そして，誠がはじめに助けたもといじめられっ子の和彦が，誠をいじめるリーダーになってしまうというストーリーだ。四面楚歌状態に陥り，誠は自殺してしまう。自殺した後も，事なかれ主義の校長，風評被害を危惧する教頭，いじめ自殺が起きなければ，いじめ自殺に対し真摯な対応をしていれば殺人を犯すことのなかった誠の父親，互いの憎悪をかき立て陰で操っていた写真部顧問の新見にはいかなる証拠もなく警察の手が回ることはないままにクライマックスを迎えるという，フィクションであるが限りなくリアルに近い印象を持つ。

　一人でも救いの手をさしのべてくれる人がいる間は，人は絶対に自殺をしないのではないか。上記のドラマの中で，担任の森田に悪意はないが，婚約者の体育教師に操られいじめを見抜くことができなかった。誠の父親も最後の拠り所となるはずが，誠の変化がいじめによるものだと気がつくことができなかった。

　コメディータッチであるが『ウォーターボーイ（The Waterboy）』（1998）という映画の中にもいじめの場面が登場する。主人公ボビー・ブーシェは鈍くさいため，皆にいじめられる。生徒からだけでなく，先生からも笑いものにされる場面が登場する。

　1986 年（昭和 61 年）に東京都で起きたいじめ自殺事件の時にも，日常的な暴行が起きておりそれらを知っていたにもかかわらず，担任はそれを止め

ることもせず，「葬式ごっこ」には担任教師を含め4人もの学校教師がいじめの加害者に加わっていたにもかかわらず，自殺後の教師への聞き取り調査では「いじめられて自殺した生徒にも問題がある」と，自殺した生徒に原因があるかのような証言をしていた。

　1993年（平成5年）に山形で起きたマットいじめ致死事件が起きた背景にも大人の陰がちらつく。被害者の生徒の家庭は裕福で幼稚園を経営しており，標準語を話し，周囲から異質と思われ，家族自体が村八分のようなよそ者の扱いを受け，被害者の死亡後も被害者やその遺族をいたわるよりも，町ぐるみで詳細な調査を拒絶しようとしていたことなどが当時山形大学の学生でマットいじめ事件の調査をしていた社会学者の内藤氏（2007）らの証言がメディアで報道されていた。

　2006年（平成18年）に福岡で起きたいじめ自殺事件においても大人の荷担が見られる。当時，元担任は「からかいやすかったから（亡くなった）生徒を罵倒した」と証言していた。元担任は，自殺した優等生の少年に対しては「偽善者にもなれない偽善者」等と繰り返し，いじめ加害者の少年達は被害少年の葬儀にて笑いながら棺の中を携帯電話のカメラで撮ろうとしたり，自殺後「せいせいした」「別にあいつがおらんでも，何も変わらんもんね」などと発言していたとのことだ[2]。

　2011年（平成23年）の大津いじめ事件においても，学校や教育委員会がいじめを隠蔽しようとする動きが幾度となく報道された。そしていじめ自殺後も自殺した生徒の写真に穴が空けられたり落書きがされるなど，自殺後もいじめられ続けたという特徴がある。

　2013年（平成25年）の橿原市いじめ自殺事件においては，現在のところ大人の関与は指摘されていないが，自殺後のお通夜の席で加害者生徒がLINEで「お通夜ナウ」などと被害者をいたわるどころか，嘲笑するような

2）北海道新聞　2006年10月22日刊。

メッセージを発信していたという事件がある。

　すべてがそうだとはいわないが，多くのいじめ致死事件やいじめ自殺事件には，二つの特徴がある。

　1）いじめに周囲の大人が関与していること，周囲の大人がいじめられる側の生徒に寄り添っていないこと，

　2）自殺後にも加害者生徒にほとんど反省の様子がうかがえず，死亡した後もいじめ続けようとする様子がうかがえること
である。

　実際いじめ致死事件や自殺事件は大人の世界でも起きている。海上自衛隊の護衛艦「たちかぜ」乗組員のいじめ自殺事件[3]においては，いじめ自殺を裏付ける証拠書類の隠蔽が組織的になされ，「いじめを示す調査文書が隠されている」と内部告発した3等海佐に対し，規律違反だと懲戒処分が検討される事件が起きた[4]。この事件は，いじめの被害者も加害者も大人であり，いじめ資料を公表しようと自殺した被害者の側に立ち事件の全貌を明らかにしようとした人まで，懲戒処分という公然としたいじめが続けられている。不適切な懲戒処分は正確にいえば，いじめではなく犯罪である。

　大相撲時津風部屋の17歳の少年（時太山）が宿舎でいじめがエスカレートし集団リンチ致死事件においても，大人が金属バットで殴るなどのリンチを行った。もっともこれも暴行致死事件であり，本来はいじめの部類ではないが，集団で一人の人を死に追いやる意識の根底はいじめと同根のものといえよう。

　いじめ問題を考えるときに，大人はいじめを絶対的に阻止してくれる人というステレオタイプ的な考えは捨てるべきである。多くのいじめ自殺事件

3）2004年10月，「たちかぜ」の乗組員（当時21）が東京都内で電車に飛び込み自殺した。遺書には先輩隊員から暴行を受けたことや，後輩隊員らからエアガンで撃たれたり，アダルトビデオの買い取りを強要されたことが発覚し，「先輩隊員のいじめが原因」と提訴し係争中である。

4）朝日新聞　2013年12月8日，日刊。

は，大人がいじめを助長していたり，救いの手にはなっていないのである。親にも限界がある。親は自らの命に代えても子どもを守りたいと思っていても，子ども自身も親にはこれ以上迷惑をかけたくない，自分が自殺することで問題を集結させ，親にこれ以上の負担をかけたくないと思うものである。

　大人であってもそんなに強くはない。一人の力では限られる。複数の人が一丸となっていじめを発見し防止しなければ，いじめのエスカレートを食い止めることはできない。すべてがそうというわけではないが，学校の校長，教育委員会などいじめを防止すべき立場の人が，隠蔽しようとしたり事なかれ主義でやり過ごそうとした態度は，これまで数多くのメディアで報道されてきたとおりである。残念ながら，いじめを防止すべき立場の人にもいじめの加害者になるような行動を取る人もいる。

　上記の海上自衛隊で，いじめの証拠を内部告発しようとした人を懲戒処分にしようとした人は，立場としては「上」の立場にあり，本来はいじめを防止すべき役割を果たすべき人である。場合によっては，いじめの加害者になり得る大人が，いじめキャンペーンを行い，いじめをなくそうなどときれい事を宣言している場合もあるのである。

　文は人なりと昔からいうように，ある程度の長さを持つ文章を書かせることにより，その人の人となりはある程度推察できる。標語のような宣言では，いかようにも繕うことができる。コピペレポート（インターネット上等から剽窃した文章をつなげたレポート）は論外であるが，いじめに対して調停する立場にあったとしても，自分の発言を文書にして公開することを拒んだり，文部科学省や法律の条文の羅列でしか，いじめに関する文書を作成できない大人も，いじめに関して相談すべき大人ではないと判断すべきだろう。

第14章

誰にでもルサンチマンはある

ルサンチマンと嗜虐性の芽生え

　もし，就職試験などで，Aはかわいいから合格でBはブスだから失格など，不利益を被ることをされたならば，それはきちんと抗議する必要があるし，それはルサンチマン（ねたみや嫉妬，反感感情）ではない。同じことをやってもAだけが皆に賞賛されるとか，大して勉強しなくてもよい成績がとれるとか，正々堂々と抗議するには値しないときに，ルサンチマンをいだく。

　他人に対して，ルサンチマンを一切持ったことがないという人などいない。何気ない些細なことでもルサンチマンをいだくこともある。たとえば，学校のロッカーの上が散らかっていたので友人Aと片づけたとしよう。普段はAが何でも率先してやるタイプで，自分はAの後をついてやることが多い。だが，ロッカーの片づけは自分が率先してやったとしよう。それにもかかわらず，たまたま通りかかって，きれいに片づいているのを見た先生が，普段の行動からAが気づいて片づけたのだと思いこみ，Aを褒めたとする。「気づいたのは自分なのに，いつもAばかり褒められるな，チェ」と少し反感感情を持つだろう。Aよりも努力しているのに，褒められるのはいつもA，一度ならず，2度3度，毎回そうであれば，Aは先生にえこひいきされていると思うようになるだろう。嫉妬感情が積もり積もれば，Aを仲間

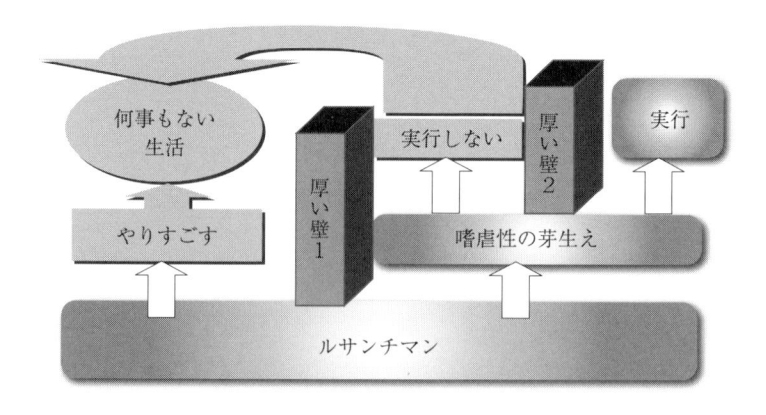

図 14-1　ルサンチマンと嗜虐性の芽生え（加納, 2011. p.57）

はずれにしてやろう，Aの持ち物を隠してやろう，Aの醜態をネット上に暴露してやろう，苦痛を与えてやろう等といじめの感情，すなわち嗜虐性が芽生えるかもしれない。

　たとえルサンチマンをいだいたとしても，やりすごせる人とやりすごせない人では，第一の厚い壁がある（図 14-1）。学校の先生に褒められなくても，サッカーで頑張るとか，他で認められるように努力するなどしてルサンチマンを昇華させたり，あの先生は生徒を見る目がないのだから褒められなくても構わないなどと合理化して考えたりして，やりすごすことができれば，何事もない生活が続く。

　一方，Aの宿題のノートを隠せば，Aに対する先生の評価が下がるかな，とか，一発殴ってやろうかななどと，頭の中で空想を巡らす場合がある。嗜虐性の芽生えである。しかし，頭の中で考えているだけで実行に移さなければ，何事もない生活が続く。

　だが，嗜虐性が芽生えたとしても，それを実行するとしないでは天と地ほどの差がある。第二の厚い壁があるのである（図 14-1）。実行に移した場合は，何事もない生活ではなくなる。相手を苦しめることに快楽を覚えはじめ

ると，相手を苦しめていないとむなしくなったり，むしゃくしゃするようになってくる。はじめは些細な感情であっても，徐々に反感感情が強まってくる。はじめは相手のノートを隠す程度で満たされていた嗜虐性の芽生えた心は，相手をハダカにした動画をネットに公開するなど，強い刺激がないと満足できなくなってくる。それを実行してしまえば犯罪であり，いずれ刑法で裁かれることになる。

　幼児であれば，ルサンチマンが嗜虐性へかわると，相手をどんとつついたり，叩いたり暴力を振るう場合もあるが，子ども同士の集団形成がなされるようになると，直接的な暴力よりも集団の中から排除しようとしたり，互いの関係を壊そうとする。友人・仲間・クラスなどの関係を壊すいじめは関係性攻撃と呼ばれている。関係性攻撃は，「自分の目的を達成するために他人の人間関係を操作する行動」（河野，2008；Crick, N.R. & Grotpeter, J.K, 1995）といわれており，ネットやケータイは関係性攻撃に最も便利なツールといえる。恋愛感情のルサンチマンから関係性攻撃を実行することもある。たとえば，A男とB子がつき合っていて，A男に好意を寄せるC子が，A男からB子を引き離したいと思えば，B子が援助交際をやっているというデマを掲示板等（ブログ・SNS・プロフも含む）に書き込んだり，B子がたまたまD男と立ち話している写真を撮影し，B子は二またをかけているらしいという写真付きメールをクラス中に送り，B子を四面楚歌状態に追い込むなどのいじめが数分で行えるのだ。デマの書き込みだけではいじめとはいわないが，デマだとわかっていても，おもしろ半分で冷やかしたり，嘲笑する書き込みが追記され，さらに雪だるま式に，誹謗中傷する書き込みが追加されていじめに至るのだ。後でデマだとわかっても，A男とB子の関係は，ごたごたがあっただけでぎこちなくなり，あっけなく壊れてしまうかもしれない。

ルサンチマンをコントロールする方法

　ネットやケータイによる加害行為は，傷つけているという意識は低くても

深く傷つけることができることもあるからといって，ツールを取り上げても本質的な解決にはならない。まずは，加害者側がルサンチマンをコントロールする術を身につけることが解決の第一歩だ。

　いじめは加害者が100％悪い，というと，いじめられる方にも原因があるという子どもが必ず出てきたりする。子どもの目から見れば，いじめられる子どもは自分勝手な振る舞いをしているように見えたり，えこひいきされているなど嫉妬感情を抱くに値する"正当な"理由があるのだろう。あるいは，加害者には家庭環境に問題がある場合が多い，などといわれることもあるが，大きさの大小はあれ，問題のない家庭の方が少ないのではないか。

　端から見れば比較的落ち着いた家庭に育ち，力が弱くおとなしい子どもであっても，ルサンチマンは持っており，嗜虐性が芽生えれば，ネット上に相手の個人情報や悪口を書き込んだり，何百通も「4ね」「氏ね」などと書いたメールを匿名で送ることもあるのだ。つまり，誰もが他人にルサンチマンをいだく場面に遭遇するものであり，加害者になる素質は，誰にでもある。そこで，誰しもがなりうる加害者をつくらない教育として，ルサンチマンをうまくコントロールする方法を身につけることを提案したい。

　ルサンチマンをうまくコントロールする方法として，他人にねたみや嫉妬をいだいてもやりすごす三つの術(すべ)を身につける必要がある。

(1) 熱中できる好きなことをつくること

　「マンガを読んでいれば，いやなことをすべて忘れられる」とか，「バスケットをしていれば，むかついたこともどうでもよくなる」などのように，〜をしていればルサンチマンが解消できるような熱中できる好きなことをつくるのである。

(2) 愛せない場合は通り過ぎよ

　「愛せない場合は通り過ぎよ」というのは，有名なニーチェの言葉である。この言葉が示すように，そりが合わない相手とは，距離をおいてつき合うようにすることである。聖人君主など本質的には存在しない。人間誰しもが，そりの合う相手と合わない相手がいる。無理にべたべたした関係

を持とうとしないことである。もちろん距離をおくといっても，相手を無視したり，仲間はずれにするということではなく，学校であれば，仲良く一緒に勉強する，会社であれば，共に助け合って仕事をする，相手が困っていれば助けるが，相手の家庭内のことに関心を持ったり，個人的なテリトリーまで入り込んで関係を持とうとしないようにするのである。

(3) **常に向上心を持つこと**

　同じことをやっても賞賛される場合とそうでない場合がある。それをねたむのではなく，賞賛される相手は，普段からの行いがよいのではないかとか，同じことをやったといっても，相手のやり方の方がスマートな手続きを踏んでいるのではないかとか，相手から常に学ぼうとする姿勢を持つことである。どうしても，相手から学ぶところが見つからなければ通り過ぎればよい。一つでも学ぶところが見つかれば，儲けものと思い，よいところを見習う習慣を身につけることである。心がけ一つで随分違うものである。

第15章

現代的傍観者

　秋葉原の無差別殺人が起きた折など，人が刺される状況を捉えた動画が多数ネット上に UP された。数百人が取り巻く中，犯人が，特定の一人に襲いかかっていく，鞄で交わしたり，身をよけたり，何度かは刺されないで済んでいる。その間，周囲の数百人は，立ち尽くしてその場を見守っているだけである。まるで，正当な一対一の対決において，被害者側で参戦してはいけないというようなルールがあるかのようであった。店の奥には，モップや傘や長い棒などなかったのだろうか？　大勢で，道具を使って犯人に立ち向かえば，あれだけ多くの被害者は出さなかったであろうに，一人の人に襲いかかり，何度も刺そうとしている間中誰一人助けることなく，ついに刺され力尽きていく様子が，傍観者によって撮影されていた。傍観者に，人の血が流れていたのだろうかと目を疑う動画であった。被害状況に直面しつつ，写真や動画で記録することはあっても，直接的な救援行為を行わない傍観者のことを，現代的傍観者と呼んでいる。
　東日本大震災の折にも，濁流に呑み込まれ，沖にどんどん流されていく人の映像がネット上に UP された。撮影開始時は，少し長い棒を持ってくれば，おぼれている人を棒に捕まらせ，助けることができそうな間近に写っていた。15分間撮影している間に，おぼれている人は，どんどん沖へ流されていき，ついには点のように見えなくなってしまうまで撮影が続いていた。

撮影者は，自分さえ助かればよいと思っていたのか，流されていった人に何か恨みがあったのか，おそらく見ず知らずの人であったであろう，助けることのできるロープや棒を手にしてはいなかったのだろう。しかし，あれだけ家が壊されごった返している中である。じっと録画などしていないで，必死になって探せば，何か，沖に流されていく人を助けることのできる道具は見つかったのではないかと無念でならない。

　似たような米国で起きた事件に，キティ・ジェノヴィーズ事件がある。深夜に自宅アパート前でキティ・ジェノヴィーズ（1935年～1964年，Kitty Genovese）が暴漢に襲われた際，彼女の叫び声で付近の住民38人が事件に気づき目撃していたにもかかわらず，誰一人警察に通報せず助けにも入らなかったという事件である。この事件を発端として行われた仮説検証実験に，心理学者ラタネ（Bibb Latané）とダーリー（John Darley）の実験がある。「多くの人が気づいたからこそ，誰も行動を起こさなかった」と仮説し，一人が発作を起こす。2名のグループでは最終的に全員が行動を起こしたのに対し，6名のグループでは38%の人が行動を起こさなかった。つまり，自分しかいない状況であれば，必ず助けようとするが，自分以外に傍観者がいる時に率先して行動を起こさない心理には，以下の3点が挙げられる。

多元的無知──他者が積極的に行動しないことによって，事態は緊急性を要しないと考える

責任分散──他者と同調することで責任や非難が分散されると考える

評価懸念──行動を起こした時，その結果に対して周囲からのネガティブな評価を恐れる

　ネット上では，三つめの評価懸念が大きく働く。あるいじめに関する講演会で，図15-1 噂画面に示すような特定の生徒が万引きをしたらしいという噂の書き込みがあったときにどう書き込むかを校長先生を含む教育関係者の人々に書き込んでもらった。「まじか，あいつならやりかねないな」など同調する書き込みは，書き込みやすいが，流れに逆らう書き込みはしづらいと感じたと感想をいただいた。

図15-1　噂画面

　実際ネット上で誹謗中傷が炎上しているところで、「こんな書き込みはもうやめよう」というような、炎上を阻止するような書き込みをすると、阻止する書き込みをした人が今度は祭り上げられていくことがある。正しい行動をとったのにネガティブな評価を受けてしまうのである。
　ネット時代の子どもたちは、とことん熱中する自分の世界を持っている子どもが少ない。そのため、周囲の同調圧力に弱く、周囲の影響を受けやすい。正しい判断・選択をできるようにするためには、初等教育段階から発達段階に応じて、情報リテラシー教育を行うことが必要である。義務教育段階で使用を禁止をしていては、人が殺害される現場を助けることなく録画したり、人が濁流に呑み込まれていく様子を助けることなく録画し続けたり、不適切な情報発信をする大人を、今後も生産し続けることになる。いじめを根絶することはできないが、傍観者が、少し変わるだけで人を助けることができる、いじめも止めることができる。大勢いるから、自分はやらなくてもい

いのではなく，大勢いても，自らが率先し，迅速に勇気を持って正しい行動をとれる人を育てていくべきだ．

文　献

Chesney, T., Kanoh, H., Lawson, S.（2010）A Cross Cultural Comparison of Virtual PetCompanionship in the UK and Japan. Nottingham University Business School Research Paper Series No.2010-15.
Crick, N. R. & Grotpeter, J.K.（1995）Relational aggression, gender, and social-psychological adjustment. Child Development, 66, 710-722.
ドゥルーズ・G.，ガタリ・F.（宇野邦一・田中敏彦・小沢秋広訳）（1994）千のプラトー——資本主義と分裂症．河出書房新社．（Gilles Deleuze & F'elix Guattari : mille plateaux.）
Farrington, D.（1993）Understanding and preventing bullying. In Tonry, M.（ed.）, Crime and Justice : A review of research, 17；381-458. Chicago, University of Chicago Press.
本田透・堀田純司（2007）自殺するなら，引きこもれ——問題だらけの学校から身を守る法．光文社新書．
Hovland, C.I., Weiss, W.（Winter 1951），The Influence of Source Credibility on Communication Effectiveness. Public Opinion Quarterly, 15（4）；635-650.
Janis, I, L., Kaye, D. and Kirschner, P.（1965）Facilitating Effects of "Eating-While-Reading" on Responsiveness to Persuasive Communications. Journal of Personality and Social Psychology, 1（2）；181-186.
加納寛子（2007）情報社会論——超効率主義社会の構図．北大路書房．
加納寛子（2008a）情報リテラシー教育の課題——ネットいじめ・闇サイトに関するアンケート調査より．日本科学教育学会第32回年会論文集，pp.105-108.
加納寛子（2008b）ネットジェネレーションの特徴（1）（2）（加納寛子編）ネットジェネレーション——バーチャル空間で起こるリアルな問題．現代のエスプリ，492，至文堂．
加納寛子（2009）即レス症候群の子どもたち．日本標準．
加納寛子（2011）エンターテイメント化するいじめ．（加納寛子編）ネットいじめ．現代のエスプリ No.526，ぎょうせい．
加納寛子・Chesney, T., Lawson, S.（2012）バーチャルペットに対する意識の国際比較——日本とイギリスとアメリカの違い．日本教育情報学会第27回年会論文集（28）；136-137.
河野義章（2008）「いじめ」社会的攻撃・関係性攻撃．ネットジェネレーション——バーチャル空間で起こるリアルな問題．現代のエスプリ，492，pp.101-107，至文堂．
Lenhart, A.（2007）One in three online teens have experienced online harassment Girls are more likely to be victims But most teens say that they are more likely to be bullied offline than online. Pew Internet & American Life Project.
森田洋司・清水賢二（1989）いじめ——教室の病．pp.30-31．金子書房．
内藤朝雄（2007）"いじめ学"の時代．柏書房．
Razran, G.H.S.（1938）Conditioning away social bias by the luncheon technique. Psychological Bulletin, 35；693.
Razran, G.H.S.（1940）Conditioned response changes in rating and appraising socio-political slogans. Psychological Bulletin, 37；481.
Willard, N., M.S., J.D.（2007）Cyberbullying and Cyberthreats Effectively Managing Internet Use Risks in Schools. Center for Safe and Responsible Use of the Internet.

第2部
いじめのサインの見抜き方

第16章

いじめを見つける鍵のありか

バイキン

　バイキン……これは，灰谷健次郎の小説『兎の眼』に登場するいじめられっこにつけられたあだ名である。バイキンというあだ名は，学校のすぐ裏の灰燼（かいじん）処理所で生活をしているためにつけられ，クラスの児童全員から汚いので給食当番をさせないでほしいという要望が出る。「なにゆうとるんじゃ」「給食当番は全員にさせなくちゃならない」という足立先生が登場し，給食当番を外されることなく，バイキンの心は救われる。灰谷の小説の中に登場する子どもたちは，暗い逆境の環境で育つ彼らが不幸のどん底の中でもがいていると，必ず温かい手を差し伸べてくれる人によって，救われるという設定になっている。おそらく小学校の教員を17年間勤めた灰谷は，どんなつらい状況に立っていたとしても，暗闇の世界に感じたとしても，まっすぐ前を見て歩んでいけば，必ず光は差してくることを子どもたちに伝えたかったのであろう。しかしながら，灰谷文学は，現実の教育現場を描いた写実文学ではない。あくまで灰谷がこうあってほしいと願う理想を描いたファンタジーの世界である。灰谷のファンタジー性が読めない批評家からは，偽善者だなどの批判もある。批評家らの批判も分析したうえで，「『兎の眼』の価値は，語り手の教訓的な主張からではなく，読者が『兎の眼』を通じてどれほど教育について考えるか，またはどれほど一生懸命生きるように決意するか

である」と述べるスミンキー（Sminkey, 2006）が，灰谷文学に対するもっとも熟慮された見解を示しているといえよう。

　おそらく小説の中だけでなく，バイキンというあだ名を子どものころにつけられていじめられたという経験を持つ人は，世の中にはたくさんいる。その一人に作家の柳美里がいる。柳も子どものころバイキンと呼ばれており，クラスの児童から汚いので給食当番をさせないでほしいという要望が出たという。小説『兎の眼』に出てくるワンセンテンスとまったく同じ経験である。決定的な違いは，小説の中で登場するような，温かい手を差し伸べてくれる大人はいなかったということだ。結果として，柳は給食当番を外されてしまったという[1]。おそらく似たような経験を持つ「これまでの」人の多くは，柳同様，救いの手を伸ばしてくれる人と出会えなかった人が多いであろう。

　「これまでも」救いの手を差し伸べてくれる人がいなかったから，「これからも」救いの手は差し伸べられないだろうと考えることと，「これからは」救いの手をできる限り差し伸べていく時代に変えていこうと考えることは，天と地ほどの差がある。これまでは，救いの手を差し伸べてくれる人がいなかったとしても，これからは，できうる限り救いの手を差し伸べていける時代に変えていこうとする意志を持つことで，かなり実現できるであろう。

　実際，数十年の間に，当然と思われていたことがそうでなくなったことは多々存在する。高々30年ほど前までは，廊下で正座，ビンタなどの体罰は，日常茶飯事であった。体罰は教育に欠かせないこと，当然のことと思われていた。自分の子どもが先生にビンタされたからといって，体罰だ云々と学校や教育委員会に苦情申し立てをする保護者など考えられなかった。

　しかし，先生にビンタをされて鼓膜が破れた，腕にひびが入った，これは，本当に子どものためであろうか，などと，行き過ぎた体罰に対する疑問から，少しずつ改善され，体罰禁止が常識の時代となった。そして，10年

---

1) NHKETV特集「灰谷健次郎×柳美里　"いのち"を知る旅」2007年5月13日放送。

ほど前から，モンスターペアレンツ，ヘリコプターペアレンツなど，今度は，保護者による行き過ぎた苦情申し立てが問題とされる時代になった。

　行きつ戻りつ，いつの時代も教育は，振り子のように大きく揺れる。しかし，徐々に振れ幅は小さくなり，いつかは，最も望ましい位置でピタッと止まることを信じている。そのために重要なことは，相手を信頼し，行為の一つひとつに相手の理由を聞くことである。「先生にビンタをされて鼓膜が破れた」という話を聞けば，行き過ぎた体罰だと，誰しもが思うことだろう。だが，ひょっとすると，クラスの生徒を普段からいじめており，その日は，いじめられっ子にナイフを突きつけて校舎から飛び降り自殺をすることを強要しているところを見つけたために，鼓膜が破れるほど強くビンタしたのかもしれない。

　ナイフを突きつけられて，いじめられっ子が飛び降り自殺をしたあとであれば，もう命は取り戻せない。命を脅かされている人を助けるために振るった暴力であれば，れっきとした正当防衛である。先生には正当防衛が通用しないという通りは通らない。

　一方で，繰り返し宿題を忘れてきたという悪いことをしたから，ビンタをしたら鼓膜が破れたというのであれば，話が異なる。ビンタをすれば宿題ができるようになるものではない。家庭環境によっては，自宅に学習机がなく，宿題をやるような環境でない生徒もたくさんいる。自宅で宿題をやることができないのであれば，放課後，居残りをして，宿題をやり終えてからかえらせるという対処を取った方が，ビンタよりよほど即効性がある。しかしながら，昨今は事情が変わってきており，繰り返し宿題をやってこないから，自宅に勉強する環境がないのだろうと思い，居残りをさせて宿題をやらせていると，子どもが学校で不当に拘束されたため塾に行くのが遅れたと，苦情を言ってくる親がいるようである。苦情を言ってくる親にもう少し話を聞いてみると，学校の先生は教え方が下手だから，そんな学校の先生の宿題などやる必要はないという家庭の方針だというのである。そういった生徒は，学校の授業がつまらないと心から思っており，つまらない授業を強制的

に聞かされていると感じ，それがストレスとなり，いじめの加害者になりやすい傾向がある。

　本当に優秀であればはじめから勉強を教わる目的で塾に通わないし，塾に通ったとしても学校の宿題ぐらいちょこちょこと軽くやってのけてしまうものである。

　子どもにいろいろな特性があると同様に，先生にもいろいろな思いや方針がある。親と先生が相反する方針の状態で板挟みになる生徒は，結局ストレスを蓄積することになる。ストレスがまったくなく，楽しくて仕方がない最中に，誰かをいじめようなどとは誰も思わない。いじめを解決する鍵のありかは，人と人の間に溝が生じたとき，齟齬が生じたら，まずは面と向かってわかり合えるまで話し合うことである。悪口を言ったところで，何も解決しない。

　いじめがエスカレートした段階で学校の先生に相談したら，面と向かって話し合うよう，話し合いの場を設けて話し合った後，その場ではいじめたことを謝罪させ，絶対いじめをしないと約束させた直後に，「ちくったな」とリンチに遭ったというパターンは，非常に多い。いじめがエスカレートした段階で，被害者と加害者に面と向かって話し合いをさせることは厳禁である。すでに話し合いをする時期ではない。

　いじめが起きるずっと前の段階で，子ども同士であれ，子どもと先生であれ，先生と親であれ，溝が生まれた直後に，じっくり話し合いをすることにより，ストレスをいじめへ発展させないように止めることができる。納得がいかないことがあれば，すぐに「なぜ？」と聞く，反対意見を述べるときには必ず代案を用意する習慣をつけることにより，人間関係上での摩擦を避けストレスを最小限にとどめることができる。

第17章

机の観察からいじめのサインを見つける

　図17-1の加害経験者の実数と経験率を見ていただくとわかるように，いじめの4割は仲間はずれである。仲間はずれにされたからとすぐに「先生，私は仲間はずれにされました，いじめに遭っています」と訴えてくる子どもは非常に希であろう。多くは，仲間はずれになっていることを隠そうとする。しかしながら教室を注意深く観察することにより，いじめを見つけることができる。

　まずは，机を観察していただきたい。何も言わないと，がたがたにゆがんで並んでいる。きちんとまっすぐに並べさせたあと，しばらく教室を留守にして戻ってきたとき，きちんとまっすぐ並んだ机の中に，隣同士の間がほんの少し空いている机を見つけるかもしれない。机の溝は，人間関係の溝である場合が多々ある。女子校などで，隣同士ぴったり机をくっつけて仲良しであった生徒が，少し机を離すようになったので，様子を見ていると，ほとんど口をきかなくなっているという話を聞くことがある。対等に仲違いしているだけの場合は，いじめとは呼ばないが，仲違いをした一方の生徒が相手の悪口を周りの生徒に告げる。それに同調した生徒が，悪口を告げた生徒の肩を持ち，その輪が広がると，悪口を言われた方の生徒は，仲間はずれによるいじめに陥るのである。机をまっすぐ並べたときに隣同士の隙間が空いていないかどうか見るだけでも，いじめのサインを見つけることができる。

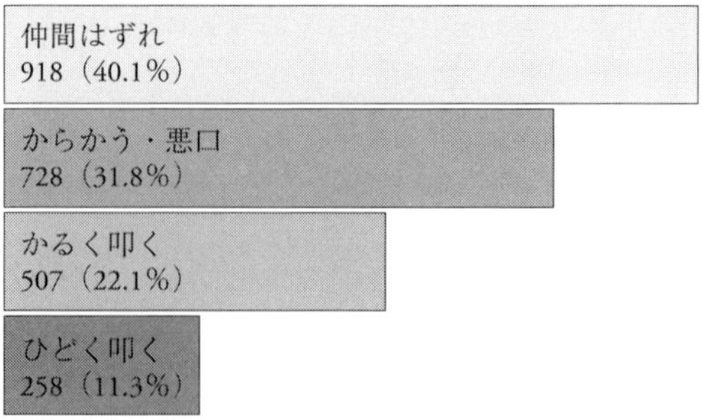

```
仲間はずれ
918 (40.1%)
   からかう・悪口
   728 (31.8%)
     かるく叩く
     507 (22.1%)
       ひどく叩く
       258 (11.3%)
```

図 17-1　加害経験者の実数と経験率

(いじめ追跡調査 2010-2012　平成 25 年 7 月　国立教育政策研究所　生徒指導・進路指導研究センター)

　同様に，給食やお弁当の時の机の並べ方からもいじめのサインを見つけることができる。教室でお昼を取る場合の多くは，グループごとに机を寄せる場合が多い。その場合，やはり，一人の生徒だけ，机と机の隙間が空いていたら，その生徒は，仲間はずれになっている可能性がある。小説『兎の眼』のようにバイキン等とあだ名をつけられていじめられていると，触るだけで「汚いっ」，机をくっつけようとすると「バイキンがうつるから寄ってくるな」などと言われて，机を離している場合がある。クラスで決められたグループごとに昼食を取る習慣になっていない場合は，一人で孤立して昼食を取っている場合もいじめられているサインである。カフェテリアに移動して昼食を取る場合も，席が決まっていない場合は，孤立している生徒を探すことにより，仲間はずれのいじめを発見することができる。

　次に観察していただきたいのは，放課後，生徒が帰ったあとの机である。バカ，死ね等とダイレクトに悪口が書いてあれば，明らかにいじめられている生徒の机である。誰がそれを書いたのか，早急に突き止めて，指導する必要がある。特に文字は書いていなくても，コンパスの芯かシャープペンシルの芯で突き刺したような小さな点がたくさん見られる場合がある。いじめを受けてストレスをためてつついた場合もあれば，家庭内やその他でストレス

をためていてつついた跡で，いじめの加害者の机の場合がある。さらに机の中にゴミが押し込められていれば，被害者の生徒が帰った後に，誰かがゴミを机の中に入れた可能性がある。このように放課後の机からもいじめのサインを見つけることもできる。

机ではないが，靴箱やロッカーの中の異変から，靴の入れる場所が取り替えられているとか，ロッカーにゴミが入れられている等，何らかの異変からいじめを見つけることもできる。

机の異変で見つかるいじめは，ステージ1（初期段階）のいじめといえる。この段階で見つけることができれば，解決に多くの労は要しない。被害，加害関係を明らかにし，クラス全体での話し合いの場を持つことにより，解決できる段階である。

給食を食べるグループ内で仲間はずれに遭って，机を3センチ程度離されている場合など，隣のグループの生徒すら気がついていない場合もある。きちんとクラス全体で，いじめはいじめた側が悪いと理解させ，机を3センチ離したことを謝罪させれば，自ずと机を離さなくなるであろうし，もし再発することがあれば，隣のグループの生徒が，先生に連絡するなり，直接それを注意する生徒も出てくるだろう。生徒同士がいじめを見つけ注意し合える形が最も理想型である。そのためにも，小さないじめを見つけたら見逃すことをせず，きちんとクラス全体で指導することにより，いじめを見つけたら注意しようという注意の芽を，傍観者に芽生えさせることにつながる。

しかしながら，いじめを見つけても報告すると管理職からの評価が下がるために，小さいいじめは報告しないという学校の先生の話を聞いたことがある。それは評価が間違っている，真逆である。たくさん見つけることができる先生というのは，観察している証拠であり，いじめを発見できたら＋1点，解決できたら＋5点のように，いじめのサインを見つけることを奨励する学校運営に切り替えていただきたい。そうすることにより，いじめを初期段階で発見することにつながり，いじめをエスカレートさせることを防止することができる。いじめをエスカレートさせるまで放置しておいて，学校

責任が問われるのも致し方がないことである。小さないじめの芽を報告することを奨励してこなかった管理職の責任といわざるをえない。

第18章

持ち物からいじめのサインを見つける

　教科書に自分で書いたとは思えないような落書きがあれば，明らかにいじめのサインである。誰が，それをやったのか，きちんと突き止めて厳しく指導し，いじめをエスカレートさせないようにするとよい。前章で述べた，机やロッカーにゴミを入れる，靴を隠す，場所を入れ替えるなどのいじめは，当人の持ち物の破壊の段階で，ステージ1と2の間である。この段階で，双方の話し合いは不要である。理由を聞く必要はあるが，明らかに，破壊行為をした方が悪いわけであるから，二度としないよう厳しく指導し，クラス全員の生徒が見ているところで被害者に謝罪させることにより，いじめを止めることができる。

　持ち物の破壊にも段階があり，少し落書きをしたという程度であれば，上記の対応でよいが，教科書を使用できないほどに汚した，濡らした，破壊したとなれば，話は異なる。謝罪すれば済むものではない。加害者に弁償をさせる必要がある。発覚したら，迅速に親へ連絡し，被害者が不利益を被らないよう，加害者の親に新しい教科書を発注させ，新しい教科書が届くまで加害者の教科書を被害者に貸し出すという対応を先に進めた上で，指導に入ることが妥当である。なぜなら，加害者の親がなかなか教科書を発注しなかったり，真摯ある対応を取らない場合が多々あると想定されるからである。優先すべき行為は，被害者の不利益を最小限にとどめることだ。被害者が新し

い教科書を手にした段階で，謝罪させればよい。弁償もせずに形だけの謝罪は無意味である。謝罪すれば何でもまかり通るというよからぬ考えを植え付けるようであれば，安易な謝罪などさせない方がよい。

　持ち物の破壊によるいじめを，私は中学生の時に受けたことがある。入学式の3日後のことだ。授業を終えて学校を帰ろうとしたら，自転車がなかった。小学校までは，駅前に住んでいたが，気管支ぜんそくがひどかったこともあり，小学校の卒業を機に，空気のきれいな郊外に引っ越した。入学式の直前に，新しい家に入居し，まだまったく土地勘もないまま，学校と自宅への一本道だけ覚えて，3日通っただけの頃である。「自転車が盗まれました」と先生に届けたら，学校は盗難の管轄ではないから交番に届けるように言われ，先生に付き添われ交番に届けた。

　そのやりとりの間，ずっと付き添ってくれた友達が，自転車を盗まれては帰るのに困るだろうからと，自転車の後ろに乗せて，家まで送ってくれようとした。500メートルほど行ったところで，「そこの二人待て」と竹刀を持って自転車で追いかけてきた先生がいた。後からわかったが，竹刀を振り回すことで有名な生徒指導の先生であった。自転車を盗まれたと担任の先生に届けたとき，生徒指導の先生に相談してくると言われたので，そのとき，自転車を盗まれた生徒だとわかっていたはずである。自転車の二人乗りを注意する前に，盗まれた自転車を探すなり，盗んだ生徒を捕まえるなりなぜしてくれないのだろうと大変不審に思った。翌日，親に，バスで学校へ行くように言われ，バスで学校に登校した。そして，担任の先生に，自転車を盗んだ生徒を見つけて返してもらってほしいと頼んだ。入学式を終えた3日目に，クラスの生徒が盗んだとは考えにくいので，学校全体で探してもらう必要があるからと，担任の先生に連れられて，生徒指導の先生の所へ行った。前日に自転車の二人乗りをとがめた生徒指導の先生である。自転車を盗んだ生徒は誰か探してほしいという趣旨のことを担任の先生が伝えると，その発言は無視し，横にいた私に向かって，「今日は二人乗りしていないか」と言った。「していません。自転車が盗まれたままなので，バスで登校しました」と私。

それに対し「バスでの登校は学校で許可しているか」と生徒指導の先生。「バスでの登校は許可されていませんが，自転車が盗まれた場合はどうしたらいいですか？」と私。担任の先生が「私がはじめに話したことに対する答えをお願いします」と生徒指導の先生に述べたところ「学校は犯人捜しをするところではない。昨日交番に届けたのであれば，その件はもう片付いているはずだ」これ以上生徒指導の先生と話をしても仕方がないと，担任の先生と少し話をした後，帰宅のためにバス停に向かうと，生徒指導の先生が「こらっ，そこの女子，バスに乗るなー」と，バス停にブンブン竹刀を振り回して追いかけてきた。

　その後2台目の自転車を買ってもらったが，1日乗った程度でまた盗まれた。3台目の自転車を，また買ってもらったが，3台目もすぐに盗まれた。中学入学時に買ってもらった自転車は，3年間通学に使うだろうから切り替えがついている自転車が良いだろうとのことで，切り替え付きの自転車であった。かれこれ30年前の話である。今では切り替えのついた婦人自転車は1万円程度で買うこともできるが，30年前は切り替えのついた婦人車は一般的ではなく1台6万円ほどした。その後の2台は，切り替え式でない普通の自転車だ。

　その後，1台目の自転車は近所のスクラップ工場で，スクラップされた状態で見つかった。スクラップ工場の機械を動かせるのは，中学生の仕業ではないのかもしれない。2台目，3台目は，ハンドルを逆さに付け替えたり，いろいろ部品を付け替えられた状態で見つかった。対策を担任の先生と相談し，しばらくは，自転車置き場に自転車を止めないで教室の後ろに止めることになった。程なくして，学校の廊下を自転車を引っ張って教室に自転車を止めている生徒がいることが問題となり，校長先生と教頭先生もいる職員会議で話し合うから，待っていてほしいと担任の先生に言われたが，結果として，教室への自転車持ち込みは禁止となった。入学早々連続する自転車の盗難で，バス通学が禁止なら，毎日タクシー通学をした方がよほど安上がりである。これだけ立て続けに盗まれる自転車置き場へは自転車を止めたくない

といい，結果として来客用の玄関にしばらく止めることになった。その間にも，理科実験室に移動している間に，私の体操服が切り刻まれるなどの事件も起きた。入学間もない時期に，移動教室の間に，授業中に抜け出した生徒はいなかった。学校全体の生徒指導の先生の協力が得られない中，クラスの中に犯人と思われる生徒がいない状態では，結局，卒業するまで犯人は見つからなかったし，自転車代などの弁償もなかった。30年経った今も，当時のやりとりは忘れることができないでいる。

　盗難は犯罪である。盗難を犯した人は，学校であってもきちんと特定し，適切な処分が必要である。学校段階の軽微な盗難であれば，弁償をし謝罪をし二度とやらないことを誓えば，刑罰を受けることはないかもしれない。むしろ，義務教育段階であれば，迅速に加害者を見つけ，盗難を繰り返さないよう指導することが必要だ。盗難を繰り返しても，何の指導もせずに放置され，義務教育を終え社会に出たあのときの加害者は，再度盗難を繰り返し，刑法による処罰を受けたことだろうと思っている。

　学校は教育の場だ。法律に照らして悪いことをしたら，なぜそれが悪いのか，きちんと納得のいく説明をし，正しい道へ引き戻す必要がある。自転車を盗まれた生徒が，仕方がなくバスに乗ろうとすると，バスに乗るなと竹刀を振り回すことは，不適切だ。バスに乗ってはいけないなどという法律はどこにもない。自転車を盗むことは法律に照らして犯罪である。ものを盗む生徒がいれば，早い段階で矯正していかないと，手遅れになる。

　盗難事件が起きたら，加害者を迅速に特定し，矯正するところが学校であり，教育の力である。学校内という狭い空間で，同一人物の同一のものが立て続けに盗難に遭うのであれば，しばらく，交替で見張っている，あるいは現代であれば，1,000円程度のWebカメラを設置すれば済むことであり，加害者の特定は容易である。

第19章

表情や言動からいじめのサインを見つける

　以前,『人は見た目が9割』(竹内, 2005) 等の書籍の流行った頃があったが, なるほどと思う部分もあったが, そうかなと首を傾げる部分もあった。人の見かけなどいかようにも作られるというのが私の持論である。高級なスーツや腕時計, バッグを身につけ, きりっとした眼鏡を身につけていると, 一見立派そうに見えるかもしれないが, 詐欺師である場合もある。

　学生時代, 小学校へ教育実習に行っていた頃のことである。研究授業の日時を大学の指導教官に伝えたものの, 多忙につき見に行くことはできないという返事をいただいたため, 教育実習先の小学校にもそう伝えていた。しかし, 研究授業をしていると, 怪しげな不審者が校内にいるということで, 少々ざわついた。髪の毛がぼさぼさで, よれよれのジャンパーを着て紙袋を下げた人がうろうろしていると小学校の先生たちが話されていた。私は研究授業をやりながら, 何か浮浪者が迷い込んでいるのだろうかと想像した。ふと, 廊下の窓越しに外を眺めると, 校舎の通路のあたりを指導教官の先生が, 紙袋を下げて歩かれていた。「あの方でしたら, 私の指導教官です」と伝え, 事なきを得た。指導教官の先生は, 20冊以上心理学に関する専門書を世に送り出し, 心理学関連の雑誌にはよく登場される有名な教授であったが, 伝え聞いた風貌は, 浮浪者と思わせる見た目であった。よく見れば, 浮浪者との差は一目瞭然だが, 見かけの印象, 伝え聞く外見から想像する印象

では，相手がどんな人であるかわからない。

　日本のことわざに，人は見かけによらぬもの（人は見かけに似ぬもの），人は上辺によらぬもの，あの声で蜥蜴食らうか杜鵑，外面如菩薩内心如夜叉などがある他，海外のことわざにも Appearances are deceitful.（外見は当てにならない），All is not gold that glitters.（光るものが必ずしも黄金とは限らない），You can't judge a book by its cover.（表紙で本の中身を判断することはできない）などのことわざがあるように，見かけで人を判断することはできないし判断すべきではない。

　しかしながら，見かけがいじめの原因になることはよくある。見かけの体型によって，「デブ」「ヤセ」「チビ」「ノッポ」などと悪口が言われたり，周囲の人よりみすぼらしかったり，高価な持ち物を持っていると盗まれたり隠されたりといったいじめの標的になりやすい。見かけで人をいじめてはいけないと指導すると同時に，見かけが少し他の子どもと異なる場合，注意を払う必要がある。見かけは上辺によるものであるから，固定しているとは限らない。よほど流行に敏感でないと，ぼんやりしていて流行に乗り遅れることは誰にもある。流行に乗り遅れたりすると，乗り遅れたシーズンにいじめのターゲットになることもある。逆に小さい集団の中で流行し始める前に，いち早く流行を取り入れすぎても異質に写りいじめに遭うこともある。その日，そのとき，見かけが周囲と少し違う子どもがいじめに遭う可能性があるので，注意を払うとよい。

　「見かけ」と「表情や言動」は別物である。目は口ほどに物を言うということわざがあるように，目や口元など人の表情を見ると，発せられた言葉以上に，悲しげな表情，怒りの表情，おどおどした表情，うれしそうな表情がジンジンと響いてくる。気丈に振る舞っていても，泣いている心は，表情から透けて垣間見られる。言葉でいくら繕っても表情で綻びるということは，経験したことのある人もいるだろう。

　また，言動から人となりが伝わると考える人がいるために，面接試験などの試験方法が入学試験や就職試験に取り入れられる。面接試験では，流暢に

わかりやすいプレゼンであることが求められるのだろう。そのためにプレゼンや面接での受け答えのスキルをマニュアル化して教える就職セミナーがよく開かれている。スキルを身につけることは，見かけで人を採用しようとする面接官には有利なのかもしれないが，人の本質を見抜こうとする面接官には邪魔なだけではないだろうか。以前勤務していた大学でAO入試の面接官を務めたことがある。筆記があるとは明記していなかったが，面接の中で記述を求めても構わないとのことであったので，用意した文章を音読してもらい，それについての考えを書いてもらった。一問一答方式の面接の受け答えからは，マニュアルにありそうな答えしか返ってこない。意見を書いてもらった上で，具体例を尋ねると，ようやく自分の言葉で語ってくれたという経験がある。

　自分の言葉で語られた語り口から，本音が出始める。多弁であるかぼそぼそとした話し方などの見かけの話し方に寄らず，本音で語られる言葉を聞くと，物事を多面的にとらえることができるのか，どんな考え方を持っているのかおよそ見当がつく。

　いじめられている子どもが，のっけから，私はいじめられているとは言わないかもしれない。虫の話から始まり，授業での出来事や登下校で見聞きしたこと，延々と続くとりとめもない話を聞いていくと，実は数日前から仲間はずれに遭っているのだとか，以前の仲良しグループの子どもたちに悪口を言われているようであるとか，語り疲れた頃，聞き疲れた頃に本当に語りたかった本論が出てくるかもしれない。けして本論を出し惜しんでいるわけでも意図的に引き延ばしているわけでもない。話したいと思っている考えに至るまでの出来事に思いを馳せると，近所のネコと遊んだことや給食の時間の出来事，理科の実験で発見したことなど，一日の出来事が全部一斉に押し寄せてきて，それらを順番に話していくと，明確な接続性の見いだせない話が延々と続くことになるのである。

　延々と語りかけている子どもを，もう下校時刻だから早く帰りなさいとか，仕事の最中だから話は後で，などと，とりとめもない話を途中で打ち切

ると，本論を聞きそびれることになる。それでも話を聞き続けることは時間的に難しい場面は多々ある。

　そのようなときに勧めている方法が一つある。けして新しいことではない。日々の生活の中で起きた出来事や思ったことを書き綴ることである。鈴木三重吉の影響で1900年代前半の頃に広く普及した生活綴り方教育をイメージされる方もいるだろう。日々の生活を綴るという点で，生成物としては同じである。しかし生活綴り方教育の時代とは目的が異なる。

　私が日々の生活を書き綴ることを勧める目的は，子ども自身が書いたものを読み返すことにより，自分が聞いてもらいたかった本質への気づきを促すことと，子どもが書いたものを保護者や教師が読むことにより，いじめや，悩んでいること，不安に感じていることなどを発見するためである。その日の出来事を思い返し，書き綴ることにより，いじめという文言は記述されていなくとも，「みんなにLINEでメッセージを送ったのに，誰も連絡してくれなかった」というような記載があれば，8割近い確率でブロックいじめに遭っている可能性がある。

　また，話を聞くときは，最初から最後まで順番通りに聞くしかないが，読む場合は，先に結論を見てから，それに至る経緯を目で追う読み方もできる。毎日の出来事を一日の終わりに書き綴る習慣をつけさせ，毎日それをチェックすることにより，子どもの異変に気がつく契機となる。

第20章

SNSからいじめのサインを見つける

　表情や話し言葉以上に，記述されたものを見ると，さらに人となりが伝わってくる。前章で，毎日の出来事を一日の終わりに書き綴る習慣をつけさせ，毎日それをチェックするこを提案した。書き綴る方法はさまざまである。紙の日記帳でもよいし，ワープロソフトやプレゼンテーションソフトを用い，パソコンに蓄積していく方法でもよい。保護者が教師にそれを転送することにより，子どもと保護者と教師で記述内容を共有することができる。

　この作業を効率的に行えるツールがSNS（social networking service）である。一般的によく知られているSNSであれば，すべて閲覧範囲を指定できる。友達との間でSNSデビューをする前に，閲覧者を子どもと保護者と教師のみに限定したSNSを用い，毎日の出来事をSNSに綴る練習をすることにより，SNSの適切な使い方のトレーニングにもなる。写真も用いて出来事を綴ることにより，使用してよい写真とそうでない写真の判断の訓練にもなる。SNS上の日記に対して，教師や保護者が書き込んだコメントであっても，誤解や誤認識は起きる。ここはそんな意味じゃないよ，などと口頭で説明を加えつつ，SNSの文章に対して，人はいろいろな受け取り方をするのだということを実践的に学ぶことができる。反抗期に入る前の，教師や保護者を絶対的に信じている時期に，このトレーニングを始めることにより，どんなに自分のことを思っていてくれる相手であってもコミュニケーション

のずれは起こるものだということを体験的に身につけることができる。そして、友達とのSNSの利用に際しても、自分の文章に対して誤解をした読み方をして、意に反することを相手が書いてきたとしても、よくあることだと軽く流し、補足説明をしながらよりよい関係を気づくことができる。

残念ながら、友達とのSNSを始める前に、子どもと保護者と教師のみに限定したSNSを使うというプロセスを経ず、使い方もよくわからないまま、出会って間もない友達と一緒に使い始めると、意気投合して利用している間はよいが、ひとたびコミュニケーションのずれが起きると、それはよく起きることだとは認識できず、疑心暗鬼を呼び込み、仲違いをしたり、いじめにつながることもある。

SNSは社会的ネットワークを作るためのものであるが、日記として利用している場合は、完全に自分だけしか閲覧できない設定で書き綴ることもできる。一人SNSをやっていてネットいじめが起きることはあり得ないし、子どもと保護者と教師のみでSNSをやっていたとしてもネットいじめは起きないだろう。

SNSがネットいじめを誘発しているのではなく、情報リテラシーを身につけないままに利用しているために、コミュニケーションのずれをうまく回避できず、炎上が起きたりいじめが起きるのである。パソコンや、タブレット、スマートフォンを買い与えれば、勝手に使っている、というのではなく、SNSについては、特に、正しい返事の仕方、適切な返事のタイミング、適切な読み取り方を教えて使わせるようにすることにより、ネットいじめを未然に防ぐことができる。

しかしながら、本書を手にとって下さった方々の多くは、すでに子どもにスマートフォンを買い与えてしまっているという方が多いのかもしれない。子どもの方がすでに巧みに使いこなしているので、今更使い方を教えるなどということはできない、という方もいらっしゃるだろう。むしろSNSなど使ったことがないという方の方が多いのかもしれない。

そのような方は、まずアカウントを作ることをお勧めする。普通に一人で

作って問題が生じる心配はまずないと思われるが，アカウントを作ることに対して強い拒否反応を示す人もいる。どうしても不安だというならば，情報モラルに熟知してSNSを利用している大人の観察のもとで，アカウントを作るとよい。

　推奨しないのは，子どもに教わってアカウントを作る，生徒の利用方法をまねて使ってみる方法である。子どもたちのSNSに加えてもらうきっかけとしてそうしているだけならばよいが，本当に作り方に自信がないという場合は，適切な大人から教わるようにしていただきたい。

　以前，私の講演会の中で，SNSのアカウントを作って観察して見て下さいという趣旨のことを，普通に話していた時期があった。自信がないならば，登録するだけで，観察しているだけだろうと思っていたところ，観察するよりも，発信することに重点を置かれていた。その様子を見て，生徒や子どもに使い方を教わると，どこまでが教わるべき部分で，どこからはまねをしていけない部分であるかの判断がつかないのだと悟った。

　生徒に使い方を教えてもらった教師の方は，生徒と同じような使い方をしていたのだ。これでは指導者としての役割を果たさない。SNS上には，小学校教員のグループや中学校教員のグループが星の数ほどたくさん存在している。必ずしも模範的とはいえないが，生徒の使い方を見て学ぶよりは，教員仲間の使い方を見て学ぶ方が望ましい。保護者，教員，学生，その他所属の区別なく，教育に関連した話題のグループもあるので，保護者の方であっても，普通に仲間に入れてくれるはずだ。

　自信がないうちは，何か書きたいという衝動に駆られるのかもしれないが，観察するという利用方法を勧めたい。私のFacebookやTwitterなど，何のおもしろみもないが，登録して観察していただいても何ら問題はない。模範となるSNS利用者の利用方法と，生徒の利用の仕方を見比べれば，子どもたちの利用がどう危ういのか，どこに注意を払うべきなのかが見えてくるだろう。

　SNSのアカウントを作ることを勧める理由は，登録をしていないと子ど

もたちの書き込みも観察できないからだ。友達のみに限定している場合は，友達申請をし，観察をする。SNSを観察するとどんな意見を持っているのか，どんな人物なのか，その人となりが何となく伝わってくる。

そのため，最近では，TwitterやFacebookのアドレスを，企業面接のエントリーシートにも求められることが増えてきているようだ。友達の陰口・悪口などを書き込んでいれば，そういった人だということを会社側も知ることができ，面接以上に人物評価ができるのだろう。もっとも，よほど不注意な人でなければ，就職を希望している企業の人に見られてマイナス評価につながるような過去の内容は，すべて消し去っているだろう。

裏を返せば，マイナス評価につながる内容を消すことのできる人物であれば，ある程度社会のルールをわきまえた行動のとれる人物だとみることもできるため，消し去った後でもよいのかもしれない。この判断ができない人たちが，ネットいじめの加害者なのだから。

殴る蹴るの暴行を加え，その様子の一部始終を録画し，動画サイトに投稿するというネットいじめが，なかなか根絶できない。LINEでいじめを行い，被害者を自殺に追いやり，通夜の席でも「お通夜ナウ」などと平然と書き込んでいる。彼らは，SNSに書いてよいこといけないことの判断がまったくできていないために，平然と書いているのである。罪悪感がないのだから，たとえ学校の先生が登録しているSNSであっても平然と書くかもしれない。

だからこそ，教師や保護者の方々には，かかわる子どもたちのSNSにはすべて登録し，できうる限り観察を続けていただきたいのである。隠したいと思うことは，隠すかもしれないが，それは，正常な判断ができているわけだから，気にする必要はない。悪いことをしているという認識のないまま，不適切な動画をUPしたり書き込んでいるときこそ，教師や保護者の出番である。いじめではないが，アルバイト先の冷蔵庫の中に入って写真を写して公開した若者も，それが法に触れる犯罪だという認識がなかったのであろう。隠しておくべきことを隠しておくという正常な判断ができないままに

利用しているユーザーは，インターネット上にたくさんいる。大人になってからでは，誰もとがめてくれない。放任された後，あるとき逮捕されて初めて気づくだけである。そうならないようにするためにも，観察することにより，いじめの加害行為につながる発言を，迅速に撤回させるなど，不用意な発言を見つけ教育することにより，いじめの加害行為を未然に防ぐこともできるのである。

　本章では，SNSを観察することにより，いじめ被害者の発見，いじめにつながる発言の発見により，未然に防ぐことができるという指摘をしたが，すべてのネットいじめがSNSで起きるわけではなく，表出するとは限らないため，発見できるのは一部のいじめである。机を観察したり，持ち物を観察すると同様に，SNSも巡回することにより，いじめのサインを発見する手がかりになる道具の一つである。次章においてネットいじめについて，もう少し詳細に考察することとする。

第21章

ネットいじめ

リアルとネット

　リアルな世界とネット世界を別物と考える人がいる。リア充（リアルで充実している人），ネト充（ネットで充実している人）などのネット用語が存在すること自体がその証拠だ。実際は男性であってもネット上では女性としてふるまうネカマ，年齢詐称，偽名など，ネット上では架空の人物としてふるまう場合が多く見られる。もし，リアルな世界とネット世界が完全に別物であれば，昨今のような問題は起きていない。ネット世界はフィクションではないのである。ネットで買い物をすれば商品が届き，ネットで確定申告を行い，ネット上に書き込む人も，それを見る人も，すべて現実世界で生きている人の為せる所業である。

　10代の子どもたちが書き込むプロフやSNS，ブログなどを眺めると，その多くが「本当のこと」を書き込んでいる。ほとんどフィクションではない。「今日はうまくできた」などのコメントとともにモリシャメ（頭の上部の髪の毛のふっくらさせたような髪型を，前方斜め上の方から撮影した写真）などの顔写真を公開している。ネットのない時代ならば，今日は髪型が決まったかな，と，鏡の前でニコッと微笑み，過ぎていくはずのところ，そんなささやかな瞬間の出来事まで公開する時代になったのである。

　大人たちは，子どもにケータイを持たせると，自分の写真を撮って公開し

たり，公開すべきでないことまで書き込んでいると問題視をする。確かに，学校名や顔写真，普段の生活の様子をブログに綴っているうちにストーカー被害に遭った子どももいる。大人から見れば，思慮の甘い行動が招いた，ということになろう。

　しかし，公開している当人は，顔を公開したいという意識ではない場合も多いのではないか。モリシャメの場合は，髪形を撮影して公開し，それに対する仲間からのコメントを期待しているのである。まったく見る人がいなければ，公開しようというモチベーションは起こらない。

　つまりネット世界は，リアルと連動しているからこそ存在する魅力が大きい場合が多い。たとえリアルとは関係しないシチュエーション，40代の男性が10代の中学生になりすましていたとしても，その瞬間に，すでにネットの向こうには人がいるのであり，それは，おとぎの世界の空想ではなく，現実の世界で起きているリアルな一コマを形成しているのである。仮想空間でアバター同士が会話をしたりゲームをしているときも，アバターを動かしているのは紛れもなくリアルな世界に存在する生身の人間である。したがって，リアルな世界と完全に切り離されたネット世界など世界中のどこにも存在しえない。ネット世界もリアルな世界の延長にすぎないのである。

いじめとネットいじめ

　ネット世界もリアルな世界の延長にすぎないのだから，いじめとネットいじめも切り離すことはできない。ネット上でいじめが起きている場合，実在しないアニメのキャラクターをよってたかって誹謗中傷をしたところで，それはいじめとはいわない。ネットの向こうにリアルに存在する者同士が加害者であり，被害者である場合のみに成立する。さらに，ネットだけの付き合いであれば，相手を自殺に追い詰めるほど，相手のことを知らない。ネットだけの付き合いであれば，女性としてふるまっていても，実は男性かもしれないわけで，性別すら定かでない。本名を打ち明けたり，リアルとの接点を相手に知らせる行為をしていない限り，アカウントやIDを新しくしてしま

えば，一切の関係を断ち切ることができるため，深刻にはなりえない。

　自殺するほどに相手を追い詰めるネットいじめは，必ずリアルでの接点がある。ネット上の関係からネットいじめが始まる場合と，リアルな関係から始まる場合がある。前者の場合，ネット上での会話の中で意気投合し，通っている学校の話を書いたり，家族のことを書いた時点で，リアルと接点のある関係となる。自殺にまで追い込まれるような深刻なネットいじめの場合，リアルで起きている何某か（写真やケータイ番号等）を暴露したり，ネット内での出来事を，リアルな関係にある人々を巻き込むことによって，知られたくないことを暴露されるなど，何某か実際に生きている環境が傷つけられるから，傷つくのである。

　リアルな関係から始まるネットいじめの場合，いじめのレパートリーの一つにネットいじめが存在するという位置関係になる場合が多い。普段から仲間はずれにしたり，失敗を皆であざ笑ったりしている延長で，ぶざまな様子を写真にとってネット上に公開するなどしてネットいじめが始まるのである。直接会えば親友グループなのに，ネット上では，一人の生徒について全員で誹謗中傷を書き込んでいたならば，親友グループに見えていることの方が偽装である。

ネットいじめの残酷さ

　ネットいじめは，これまでのいじめレパートリーと比べて，少し特殊な特性を持つ。だからこそ，これまでのいじめの対策だけでは不十分であり，ネットいじめにも対応した対策が必要になるのである。ネットいじめの特徴として，「リゾーム的増殖性」（加納，2008）が挙げられる。リゾームモデルでは，どの点からも根を張ることができると同時に，厳密な意味での根や起源はなく，一つの中心の代わりにたくさんの中心，むしろ，それはもはや中心というより，節と結合がある構造体系である。ネットいじめは，ひとたび暴発すると，1点からいじめが広がるというより，どこが起点となっているかわからなくなる。つまり，クラスの誰かが書き込んでいることは分かっ

ても，一見，誰が書き込んだのか特定できない場合が多く，いろいろなところが起点となって，たまたまサイトを訪れただけの第三者も加わり，どこまでも広がっていく点が異なる。

　たとえば，ある学校の中学2年生に，「きもキャラ」と決めつけられているA子がいた（実際に類似した相談を受け，それをもとに架空の話として記載している）。A子は，あまり人とかかわることが得意ではなかったが，クラスの中で浮かないように，いつも気を使って，関心のないことでも，周囲の人の話に話を合わせたり，文具などの持ち物も，みんなが持っているような持ち物に揃えた。振る舞いも，皆と同じように振る舞っていると，ある時，「A子はいつも誰かとキャラかぶってるよね」とクラスメイトに言われた。誰ともかぶらないキャラを作ってあげる，といわれ，つけられたキャラが，「きもキャラ[1]」だった。

　「きもキャラA子の今日の決定的瞬間！」などのコメントと同時に，大きく口をあけてカレーを口に入れようとしているところなどの写真，トイレに入っているところをボックスの上から撮影した写真などを毎日公開されるといったネットいじめが，ある学校で起きた。そして，その写真付きコメントには，いろいろな人から「きもぉぉぉぉぉ！！　最悪！　マジキモ！！　うえぇぇぇ・・・」「ワロタwwwwwww」などの不快なコメントがあっという間に何十件も連なる。A子のクラスが体育の授業で，誰もケータイを手にしていない瞬間に書き込まれたコメントもたくさんある。クラスメイト以外にも，大勢，この恥ずかしい写真を見られていると思うと，居ても立ってもいられないつらい気持ちだった。

　事の発端は，カレーの写真で，それを撮ったのは，B子だとわかっている。しかし，トイレの写真はドアの向こうで人の気配はしたが，だれが犯人かはわからない。B子は，その時間には委員会に出席していて，絶対に自分では

---

1) キャラ：かつてはアニメなどの登場人物であるキャラクターの略として使われていたが，最近は，自分や相手の性格や，仲間内での役割といった意味で使用される。

ないという。その後 UP される写真は，いつの間にかシャッターが切られて，クラスの誰に取られたのか分からない場合が多い。B 子は，「カレーの写真はいたずら半分に取ってしまったけれど，これほど毎日 A 子のぶざまな写真が公開されるなどとは思っていなかった。本当に申し訳なかったと思っている」と言う。さらに，「写真が公開されているサイトを教えるから，早くサイトの管理者やプロバイダに連絡して，削除してもらった方がいいよ」と，親切そうに教えてくれる。学校の先生や親にも相談し，すぐにとはいかなかったが，何とか，A 子のぶざまな写真が毎日のように UP され，「キモ⑩（キモさ十倍の意）」などの誹謗中傷が書き込まれるサイトは閉鎖された。

以前のように，給食を食べている最中にシャッターが切られたり，トイレに入るとボックスの外でこそこそ音がしたりすることはなくなり，それでことが納まったかに見えたが，以前よりまして周囲の様子がおかしくなった。ケータイには，おかしな電話がかかってくるようになった。試しに，自分のケータイ番号をネットの検索サイトを利用して検索をしてみると，今度は，出会い系サイトにアイコラ（A 子の顔写真とアダルトサイトの裸の写真を合成した写真）が UP され，「A 子おっきくなったでしょぉ。さみしいよぉ連絡してね♪」という書き込みとともに，自分のケータイの番号が書かれていた。

小学校の頃は大の親友だった B 子に，サイトのことを知っているか尋ねたが，出会い系サイトのことは自分はまったく知らないという。学校の先生や親に相談し，サイトの削除には至ったものの，またすぐに別の出会い系サイトに，前と同じ書き込みやアイコラが掲載された。学校に行けなくなり，学校もいじめの調査を行ったが，クラスメイトは誰もやっていないという結果であった。はじめにケータイ番号を UP したのは，A 子のことを知っている生徒だろうが，その後はどこかの知らない第三者が面白半分にやっているのではないか，という学校の判断であった。来年は 3 年生とのことで，学校も受験対策の話題が中心となり，学校に来なくなった A 子のことは，誰も話題にしなくなった。

一度ネット上にUPされてしまった写真は，そのサイトから消しても，キャッシュが残っていたり，ダウンロードして保存している人がいれば，永久に消し去ることは不可能だ。発端となったクラスメイトらが，受験をし，高校へ進学し，大学へ進学し，就職し，結婚し，それぞれの人生を歩み，A子のことを忘れていったとしても，おそらくA子は，おぞましい写真が，いつ，何時UPされるかもしれないという恐怖から一生逃れることはできない。
　永久に逃れることができない点がネットいじめの特徴だ。
　だからこそ，被害者を自殺に追い込む危険が十分にある。
　そして，加害者側には，殴る，蹴る，といった身体的な接触がない分だけ，深い傷を負わせているという実感が薄いからこそ罪深い。
　指先で，ちょこちょこと入力するだけで，相手を一生苦しめるダメージを与えることもあるのだ。
　「きもキャラ」をgoogleで検索すると約97万6,000件ヒットする。「いじめられキャラ」は59万8,000件，「死ね」は約602万件，「死にたい」は約143万件ヒットする。そして，「いじめられて死にたい」というネット上の真剣な書き込みに対し，「いつ死ぬの？」「死ぬならさっさと死ねば」「死にたいと書き込んでいて，まだ死んでないみたいだね」「こういうの死ぬ死ぬ詐欺っていうんじゃない？」「死に方わかんないなら教えてあげようか」などと，心ない書き込みが延々と続く。
　果たして正義は通用するのか。
　法的にはどこまで裁くことができるのか。
　被害者を救う方法はあるのか。
　加害者を生まない対策はどうしたらよいのか。
　被害者を救う方法，加害者を生まない対策について，第3部で述べる。

　いじめの土壌を作らないようにするためには，一元的な見方ではなく，できうる限り多元的な視点でそれぞれの人が行動できる空間を形成することが

重要である。子どもたちのネットの書き込みを観察していると，キャラが濃すぎたり薄すぎたりすると，ネットいじめの対象になるようだ。キャラが濃いということは個性が強いということで，個性豊かな教育を目指す理想的なキャラであるにもかかわらず，排除される対象になるのである。そうならないためには，多様性を認めあえる社会を，大人の社会にも子どもの社会にも定着させていくことである。すなわち，ネットいじめを解決する鍵のありかはダイバーシティー，すなわち人間多様性，多様性を認めあえる社会の定着である。多様性を認め合うことにより，「あの人は私たちと違っているからいけない」から「あの人は私たちと違っているから素晴らしい」に変わることができれば，素晴らしい人をからかっていてはいけない，素晴らしい人を仲間はずれにしてはいけないと，気づくことができるであろう。

文　献

灰谷健次郎（1998）兎の眼．角川文庫．
加納寛子（2008）ネットジェネレーション—バーチャル空間で起こるリアルな問題．現代のエスプリ，492，pp.40-53．至文堂．
スミンキー・ポール（Sminkey Paul）（2006）灰谷健次郎の『兎の眼』— 21世紀の先生達への挑戦（Haitani Kenjiro's Usagi no Me : A Challenge to Teachers in the 21Century）．沖縄国際大学外国語研究，9（1）; B1-60, 沖縄国際大学．
竹内一郎（2005）人は見た目が9割．新潮新書．

第3部
早期発見のための対策

第22章

いじめグループに誘われたら？

　スクールポリス（136頁参照）の常駐が必要と思われるほど，いじめがエスカレートしてから発覚されることもよくあるが，いじめがエスカレートする前に周囲の力で食い止めることが望ましい。積極的にいじめをしようという生徒はごく少数で，いじめの主犯格になる生徒より，いじめに引き込まれる側になる生徒の方が圧倒的に多い。

　そして，引き込まれる生徒の多くは，率先して荷担したというより断れなかったと答える生徒が圧倒的に多い。「断れない」理由として，第一に「断れば今度は自分がいじめられる立場になる」という回答が挙げられる。実際断ったがために，いじめられるターゲットになった経験を持つ人も多いだろうし，ドラマ「人間・失格〜たとえばぼくが死んだら」に登場する主人公も，いじめられている生徒をかばったためにひどいいじめの対象になってしまうという設定だ。

　一番理想の解決方法は，大勢で断ることである。クラスに30人いれば，一人いじめをそそのかすボスがいたとしても，29人が口を揃えて「NO」と言えれば，いじめを未然に防ぐことはできる。どんなボスも，クラス全員を敵に回して一人でいじめを行うことは難しい。しかし，なかなかそうはいかないのが現実である。

　理想型とはいえないが現実的な対処方法として，その場しのぎでも，いじ

めにかかわらないことが望ましい。学校でのいじめであれば，大半は休み時間に起きる。いじめのボスが命令するパターンは，仲間に入って，一緒に悪口を言ったり暴力に荷担することの要請と，スパイの役である。スパイの役とは，いじめられている人が，何か失敗をしないか，嘲笑の種になることはないか探して報告することである。

　いずれにもさりげなく荷担しないためには，「忙しくなること」である。家で宿題をきちんとやっていけば，休み時間は暇である。しかし，5分程度で片付く程度やり残しておくのである。休み時間になるやいなや，間髪入れず宿題を取り出して，真剣にやり残しの宿題に取りかかるのである。しゃべりかけようとしているいじめ加害者のボスも，仲間に引き入れようとしている生徒が，必死に宿題をやっている姿を見ると，なかなかしゃべりかけづらい。仲間に引き入れようとしている相手であるため，宿題の邪魔をしては間が悪い。それでもいじめの加害者になることを強要してくるようであれば，「次の授業までにこの宿題を片付けないといけないから」と，きちんと理由を告げればよいのである。

　あるいは，学級会の前の時間帯など宿題をやるという手が使えない場合は，委員会活動とか，係活動の用事を作るのである。「放送委員の当番で，明日の昼休みの放送の打ち合わせがあるから」とか，「図書委員の仕事で，蔵書点検に関して確認に行く用事があるから」など，何でもよい。用事をつくって，よそのクラスの同じ委員会の人と打ち合わせをしたり，職員室へ提出物を提出に行くでもよい。

　もちろん本質的な解決方法ではないが，用事をつくってさりげなく忙しくなることによって，いじめの加害グループに引き入れられることを避けるのである。忙しい人の仲間が増えたらしめたものである。クラス中の皆が，休み時間になると，宿題をやり始めたり，委員会だ部活の打ち合わせなどとばたばたしていれば，いじめのボスも，なかなかいじめの加害者仲間を見つけることが困難になる。

　しかしながら，年中，宿題だ委員会等とばたばたしていては，落ち着く

暇がない。アイドルやファッションの話題，スポーツの話題などで楽しく話が盛り上がることもある。せっかく楽しく話をしているのに，そこへいじめの加害者グループが割り込んでくることもある。そんなときは，スポーツの話に戻したり，食べ物の話など話題を変え，いじめの加害者グループも巻き込んで，話題のすり替えを行うのである。たとえばこんな具合である。「△子って，たらこ唇みたいで気持ち悪いよねー。それに，あのみっともない髪型も何？　□子たちも△子の悪口言ったら？」等と悪口に同調することを求められたら，「たらこと聞いたら，おなかすいた。○×レストランの明太子パスタおいしいよね」「食べたい，今度行こう♪」などのように，陰湿な悪口を強要する話題を，楽しい話題や明るい話題，何気ない話題へのすり替えを行うのである。

　社会人で会社内いじめの場合であっても，いじめのボスが被害者の悪口を言うことを強要してくることもある。学校も社会もその他の集団も同じと考えてよい。人が集まるところには，必ずいじめの種は転がっている。いじめの種が発芽しようとしていたら，発芽しかかっていたら，忙しいふりをするなど，いじめの種や苗に養分を与えないようにすることである。いじめの苗は，人の集団に寄生して，少しずつ人の「暇」を養分にして，肥大化していく。小さい芽のうちに養分を与えなければ，自然消滅する。ポイントは二つである。

- いじめの加害者グループに引き込まれないよう忙しいふりをすること
- 陰湿ないじめの話題から何気ない話題へすり替えを行うこと

第23章

警察への通報

警察への通報は頼ることではない

　加害者が判明すれば，迅速に徹底対処することにより，最悪の事態は免れるにもかかわらず，残念なことにメディアで報道されるいじめ事件ではそれができていない。いじめ事件に関する報道を見ていて，耳を疑う表現がある。「警察に頼るしかない」「警察に捜査してもらう」などの表現だ。通報することは頼ることと無関係である。それにもかかわらず，暴行を受けて骨折をしたが，学校内のいじめだからと警察に通報していなかったり，通報をためらっているケースも多々見受けられるのである。暴行・傷害や恐喝を受けたら被害届を出す，見かけたら通報することは，良識ある国民のとるべき行動である。路上で，人が鉄パイプで殴られていても，警察に通報することなく，遠巻きに見物しケータイカメラで動画を撮り，「いじめの実態」などとタイトルをつけてネットにUPしている世界は常軌を逸しているとしか言いようがない。

　人が殴られている現場を見かけたら，まったく見知らぬ人であっても，救急車と警察に通報することは，モラルある人としての常識だ。偶然その場を通りかかり，警察に通報した人は，警察に頼っているわけではなく，常識ある行動をとったにすぎない。暴行・傷害や恐喝の場面を見かけても，警察に通報することなくその場を通り過ぎたり，大津いじめ事件のように「やりす

ぎるな」等の言葉だけで事実上暴行を容認したり，法令遵守をためらうところが学校ならば，学校の病理を通り越し，狂気に満ちた学校といわざるを得ない。

更衣室やトイレで，殴る蹴るなどの暴行を受けた生徒が，進級面接の際に，「生徒にボイスレコーダーを持たせ，校内の人の発言を録音しない」「学校で解決されるべき問題について，学校に相談することなく，警察などへ通報しない」等の誓約書を学校に書かされたという事件[1]もあった。暴行された生徒を守るのではなく，警察へ通報する権利を奪うなど，狂気の沙汰としか思えないが，実際に起きており，表面化しているのは，まだ氷山の一角にすぎないだろう。

また，「警察に捜査してもらうしかない」というコメントも見かけることがある。警察は捜査することが仕事である。警察が捜査しなければ，誰が捜査するというのだろうか[2]。いじめに関するNPOや各種団体は多数存在するが，一般人には捜査権はなく，それらの団体にも捜査権はない。大津いじめ事件において，被害者は警察に3度被害届を出したが受理されなかったと報道されていたが，それは，警察の怠慢以外の何ものでもない。暴行・傷害などの被害届を出されたならば，警察はすみやかに受理し捜査した上で，その後の判断を慎重に下すべきである。なぜなら被害届が出されたからといって，本当の被害者であるとは限らないからだ。加害者側が，布石として被害届を出すことは充分考えられるし，全体の経緯を把握しなければ，被害者と加害者が逆転してしまう可能性もある。その真偽を明らかにするために捜査するのであり，そのために捜査権が警察に認められているのである。

警察の捜査とは別に，学校は，いじめに関するアンケートや聞き取り調

---

1) 2012年9月19日　読売新聞。
2) 捜査権が認められている職種は，一般司法警察職員（刑事訴訟法189条2項），特別司法警察職員（警察官以外の司法警察職員）（刑事訴訟法190条），検察官（刑事訴訟法191条1項），検察事務官（刑事訴訟法191条2項）に限られ，弁護士にも捜査権はない。弁護士法23条の2に基づく「弁護士照会」により，情報開示を請求する権利しかない。

査，生徒の心のケアなど，教育的アプローチと対応を並行して進める必要がある。警察に通報することは警察に任せることではないので，警察が事情聴取を行ったからといって，学校は聞き取り調査を省略して構わないことにはならない。警察と連携できる部分は連携しつつ，学校として独立した調査・指導，再発しないための教育を行うべきである。

スクールポリス

　アメリカの学校には，スクールポリス・キャンパスポリス[3]が常駐あるいは巡回している。アメリカの学校でも暴行・傷害や恐喝や銃の乱射が日常茶飯事に起きているわけではない。スクールポリスが体育館の裏などの人目につかない校内を巡回することにより，いじめの抑止力にもつながっている。最近のスクールポリスは，サイバーパトロールも行い，ネットいじめについても学校と連携しながら対策を進めている。

　日本の学校の場合，不審者対策として警備員を雇っていたり，民間の会社等にサイバーパトロールを頼っていたりする点が，アメリカの学校との大きな違いである。アメリカの場合，スクールポリスは州警察の所属であり，常勤の職員である。日本よりも小さな政府を謳うアメリカですら，いじめやネットいじめ対策として重要な役割を果たすサイバーパトロールや校内のパトロールを民間事業者に頼ることなく，公務員による公務となっている。捜査権を持った公務員が学校に常駐することにより，いじめやネットいじめが起きたときに，すぐに捜査を開始できるというメリットがある。

　つまり，日本のように通報する・しないのやりとりは起きない。ネット上に誹謗中傷する書き込みがあった時点で，州警察はネットいじめの状況を把握できており，校内のパトロールにおいても注意深く観察することができる。日本のように捜査権のない民間事業者にネットいじめの書き込みを発見させ，その書き込みを削除し事を終わらせている状況とは異なる。

---

3) http://www.schoolsafety911.org/index.html

ネットいじめの背後関係を捜査することにより，リアルないじめを見つけるきっかけになることもある。ネットいじめは，無視，悪口，ものを隠す，殴る，蹴る，恐喝などさまざまないじめレパートリーの中の一様相にすぎないのである。いじめレパートリーは複合的に使われることが多い。たとえば，暴行されたくなければ金銭を持ってこいと要求し，要求額に満たないと暴行したり，自殺の練習をさせたり，自殺の練習の様子を撮影し，動画サイトに UP するなどである。そして，動画を見た第三者による「そろそろ，練習の成果を見せて，死んだら？」などのネットの書き込みがネットいじめとして発覚されるのである。ネットいじめは，リアルないじめを発見するための糸口なのである。

　警察庁によると，2012 年 6 月までの半年間に，いじめに関係する事件で検挙されたり補導されたりした少年・少女は，2011 年より 44％増加し 125 人とのことだ。いじめた理由は，「力が弱い・無抵抗だから」が 48％で最も多く，次いで「いい子ぶる・生意気だ」が 14％，そして加害者の罪名は傷害が 67 人と最も多く，恐喝が 19 人，暴行が 16 人と報告されている[4]。傷害・恐喝・暴行，いずれも犯罪であり，おそらくは，これらは，ほんの氷山の一角と見るべきであろう。

　恐喝されるかもしれないと恐れつつ通わなければいけない，つまり基本的人権が脅かされる場所が学校であるとしたら，そこは日本国憲法が無視された無法地帯ということになる。日本国内のいかなる場所においても，基本的人権は保障されなければならない。基本的人権を保障するためには，学校長や教育委員会の顔色を窺う必要のない身分が保障されたスクールポリスの常駐が必要な時代といえるのではないか。

---

4) 警察庁　報道発表資料　少年非行等の概要（平成 24 年上半期）2012 年 08 月 09 日。http://www.npa.go.jp/safetylife/syonen/syounennhikoutounogaiyou2408.pdf

第 24 章

ネットいじめ発見の限界

　ブログやプロフ，SNS などに書き込まれた誹謗中傷や不適切な画像の投稿者は，警察による捜査権を行使し，サーバーの差し押さえを行うことにより，技術的にはおおむね発信者を特定することはできた。かつてのネットいじめの発見方法として，小学校，中学校，高等学校の教員や保護者らに対し，子どもたちが利用するゲームサイトや SNS サイトに登録することを勧めてきた。不特定多数の人へ向けて，子どもたちが発信している内容を見ようとせず，ネットを禁止したり問題視する論調に反駁してきた。学校裏サイトこそ，子どもたちの様子を知ることができる場であり，心の内を知るチャンスなのだ。かつての子どもたちは空き地の片隅を秘密基地（居場所）にして遊んだように，今の子どもたちはネットの片隅を秘密基地（居場所）にして遊んでいるにすぎない。秘密基地を見つけたら内容も見ないでブルドーザーで壊すようなこと，つまり，学校裏サイトを見つけると，それを削除することは，教育上望ましくない。学校裏サイトがあれば，保護者も教員もそこへ参画したり，見守ることにより，その中でけんかが起きたり，諍いが起きて，子どもたちだけでは解決できなくなりそうになったら，さっと助け船を出せる大人がいると，学校裏サイト文化はもっと繁栄したであろう。

　だが，苦労して裏サイトを作成しても褒められることはなく，問題視されるのみの存在であり，書かれた文章から生徒の心情を読み取られることな

く，業者によってばさばさと削除されていったため，学校裏サイト文化はほぼ崩壊し，オリジナルなCSS（Cascading Style Sheets）やFlashなどを用いたできばえのよい学校裏サイトは，最近ではほとんど見かけなくなった。残存する学校裏サイトは，2chのような不平不満やいいたいことだけ書き込むコミュニケーションページである。

　その延長上に無料通話を謳うカカオトークやLINEなどが普及した。かつての学校裏サイトとは仕組みが少し違う。原則としては携帯電話番号を登録することになっているが，原則をかいくぐる方法があり，そのようにして作成したアカウントでやりとりしたログは，アプリにはログは残るが，アカウントを削除しアプリそのものも削除してしまうと，アプリ同士でどんなやりとりがあったかを第三者が把握することは難しい。第三者が入り込む余地のない点が，学校裏サイトとの大きな違いである。理論上，かつての学校裏サイトであれば，熱心な教育者が，それぞれのクラスの子どもたちの学校裏サイトを見守っていれば，ネットいじめを発見することは容易であった。

　しかし，無料通話を使ったネットいじめの場合は，第三者が勝手に割り込むことは難しく，ますますネットいじめが周囲の目の届きにくい水面下で繰り広げられるようになったのが現状である。無料通話を使ったネットいじめを受けたことを通報しようとしても，加害者が自身のアカウントを抹消し被害者のスマートフォンからもアプリを消去してしまえば，ネットいじめの痕跡は残らない。被害者の子どもが，ネットいじめを受けたと書いて自殺したとしても，データ削除されたスマートフォンを解析し，抹消されたアカウントを割り出し，ログを辿ることは，素人には不可能である。市販されているスマートフォン用のデータ復元ソフトを用いると，メールや住所録，ブログ，プロフ，SNSの履歴などは容易にデータ復元されるが，削除されたアプリ上のログは復元されない。アプリをインストールしたばかりの状態と等しく，登録を促す画面がされるのみである。

　唯一の方法は，いじめが少しでも疑われる場合は，スマートフォンを回収し，警察の捜査権を行使し，科学捜査研究所などに依頼し，徹底解析するし

かない。匿名で行われるネットいじめは，警察による徹底捜査がなされない限り，容易には加害者が特定されず，加害側のハードルは低いゆえに，ネットいじめはエンターテインメント化しがちである。

　いじめ動画をUPする加害者は，UPされた動画を見て，それを信じ，くすくすと笑ったり，ちらっと目をとめ，ぶざまで惨めな被害者を笑ってくれる観衆や傍観者がいることを前提としている。誰一人，見る人がいなければ，エンターテインメントとして成り立たない。さらには，観客や傍観者らがわざとだ，やらせだ，嘘だろう，と思いつつも「自己中心的なやつだ」「いじめられて当然」と同調してくれることを期待している。同調した観客らは，［いいね］ボタンをクリックしたり，［ワロタwww］などと書き込むことにより，観客の立場から参加者になる。

　映画のように見るだけのエンターテインメントより，観客もなんらかのアクションをし参加できるエンターテインメントの方が，観客にとっても充実感がある。「Aはキモキャラだと思う人」等の質問項目に「はい」「いいえ」等をクリックし，アンケート結果を即座にグラフ化する，無料のアンケートツールなどがネットいじめに用いられることもある。

　実際に，いじめと思われるような内容のアンケート結果を卒業文集に載せてしまった学校が指摘されることもある。よく知られている事件では，JR取手駅前で路線バスに乱入して女子高生ら14人に重軽傷を負わせた斎藤勇太被告は，高校の「卒業文集アンケート」で，「一生独身そうな人」1位,「ストレスがたまりそうな人」1位,「事件起こしそうな人」4位などと紹介されていた。学校文集は，生徒らが密かに作成したものではなく，教師も目を通しているはずのものである。事実上学校の教師もいじめというエンターテインメントの加害者側に立ってしまうこともある。事なかれ主義で意図的に事実を隠蔽しようとする場合もあるが，加害者側の意図に周囲の人々がコントロールされてしまうために，結果として加害者側が有利な結果へ導かれてしまうこともある。

第25章

いじめに関する法律

　現状では，まだいじめに関する法律のある国とない国に分かれている。わが国では，平成25年6月にいじめ防止対策推進法が成立し，平成25年法律第71号として公布され，同年10月から施行されている。この法律では，【「いじめ」を「児童生徒に対して，<u>当該児童生徒が在籍する学校に在籍している等当該児童生徒と一定の人的関係にある</u>他の児童生徒が行う心理的又は物理的な影響を与える行為（インターネットを通じて行われるものを含む。）であって，当該行為の対象となった児童生徒が心身の苦痛を感じているもの」と定義すること。※下線は筆者】としている。この定義には，インターネットを介したいじめについて，大きな抜け穴がある。下線部に注目していただきたい。LINEのグループトークなどによる，ブロックいじめの場合は，いじめの加害者は同じ学校の生徒であると特定しやすい。しかしながら，ブロックいじめはネットいじめの一形態にすぎず，ネットいじめにはいろいろなタイプのものがある。かつてからあった，辱められた写真をUPされたというようなネットいじめの場合，写真をUPしたのは同じ学校の生徒かもしれないが，その画像に関してはやし立てたり，さらなる侮辱的な文言を書き連ねた人は，同じ学校の生徒とは限らない。誰が書いたか特定できないネットいじめは，この法律から除外されてしまうこともできる。最近では，IPアドレスを偽装する無料アプリなども出回っており，加害者の特定がます

ます困難になってきている。そのような背景の中で，下線部の条件が定義に付随していると，多くのネットいじめは，このいじめ法案の対象外として見落とされることになるのではないかと，法案可決前から強い懸念を抱いていた。まだ施行が始まったばかりで弊害は露見していないが，いずれこの下線部が弊害となる事例が起きるであろうと予測している。

　もちろん，まだ具体的には動き始めたばかりの「基本的施策・いじめの防止等に関する措置」次第で，当該児童生徒と一定の人的関係にあるかどうか不明であるネットいじめに関しても網羅した施策になっていれば，弊害は極力防ぐことにつながるだろう。ただそれは，各都道府県の権限に委ねられることにより，都道府県格差が生じることは明らかである。施策として（1）道徳教育等の充実，（2）早期発見のための措置，（3）相談体制の整備，（4）インターネットを通じて行われるいじめに対する対策の推進を定めるとともに，国及び地方公共団体が講ずべき基本的施策として，（5）いじめの防止等の対策に従事する人材の確保等，（6）調査研究の推進，（7）啓発活動について定めることが定められている。いずれも実現方法は各都道府県に丸投げされている状態だ。ネットいじめに関する専門家を加えて，「学校の設置者及び学校が講ずべき基本的施策」を策定した都道府県は，弊害を避けることもできるが，いじめに関して何の実績・業績もない権力者のみで構成し，事務的に条項を並べているだけの場合は，危ういといわざるをえない。

　海外のいじめに関する調査では，第12章で紹介したPew Internet & American Life Projectによる調査以外にも，米国の非営利団体Fight Crime : Invest in Kidsによるネットいじめの実態調査が行われている。約1,000名に対するこの調査によれば，年長グループ（12歳から17歳）の3人に一人，年少グループ（6歳から11歳）の6人に一人がネットいじめの被害に遭ったことがあるとのことだ。この割合を米国全体に換算すると，被害者はおよそ1,300万人になる。また，年長グループの10％，年少グループの4％は，身体的危害を加えるとの脅迫をネット上で受けたことがあるという結果であった。だが，年少グループの約半数，さらに年長グループの約70％は，

表25-1　ネットいじめ——日本・台湾・米国の比較

	小学校	中学校	高等学校	％
日本（2011年）[1]				平均
パソコンや携帯電話等で，誹謗中傷や嫌なことをされる	1.10%	5.60%	14.50%	7%
台湾（2011年）[2]				10歳〜18歳
ネットいじめを受けた経験者				12%
ネットいじめになる書き込みをした経験者				40%
米国（2012年）[3]				10代
ネット上でいじめられたことがある人				52%
自分の携帯電話やインターネットを介して繰り返しネットいじめを受けたことがある人				25%

[1]　平成23年度「児童生徒の問題行動等生徒指導上の諸問題に関する調査」について，文部科学省初等中等教育局児童生徒課
[2]　親子天下，天下雑誌教育基金會（2011）。「2011年青少年閲讀力調査」。網頁：http://www.parenting.com.tw/article/article.action?id=5028230&page=1。
[3]　Bureau of Justice Statistics, US Department of Health and Human Services, Cyberbylling Research Center（2012），http://www. statisticbrain. com/cyber-bullying-statistics/

いじめを受けたことを保護者にまったく話さなかったという結果であった。ネットいじめを受けたことを保護者に秘密にすることが，ますますネットいじめを深刻なものにしている。

また，US Department of Health and Human Services, Cyberbullying Research Centerによる別の調査では，アメリカではネット上でいじめられたことのある人の割合は52％という報告もある。台湾や日本との比較を表25-1にまとめた。

日本は7％にすぎないが，台湾では加害経験者が4割を占め，米国では被害経験者が5割を超す状況である。日本ではネットいじめが起きない環境であると見るよりも，スマートフォンの普及の遅れにより，ネットいじめが，他国より遅れているだけであり，早めに手立てを講じない限り，台湾やアメリカのようにネットいじめが蔓延するのも時間の問題とみるべきである。

ネット上では，卑劣なもの，脅迫まがいのもの，恥をかかせるものなど，事実無根のねつ造されたゴシップなど，さまざまなメッセージがパソコンやスマートフォンに送られてくる。バーモント州で起きたキリー・ケ

ニー（Kylie Kenney）さんのネットいじめ事件では，二人のクラスメートが「Kill Kylie Incorporated」（Kylie 抹殺会社）という名のウェブサイトを立ち上げ，当時 8 年生（日本の中学 2 年生）だった彼女を脅したり，同性愛者だと中傷したりした。それから間もなく，別のクラスメートがキリー・ケニー（Kylie Kenney）さんのハンドル名に似た名前でインスタントメッセージに入り，彼女が所属する陸上ホッケーのチームメートに対し，デートなどに誘うメッセージを立て続けに送りつけた。最終的には警察がこの事件を調査し，いやがらせをした疑いでクラスメートたちは少年審判を受けた。これは，日本でもよく耳にする，学校集団でのいじめがネット上に移行したタイプのネットいじめの例である。

　さらに，2007 年 5 月にはノースカロライナ州のロイ・クーパー（Roy Cooper）司法長官を中心に，コネチカット，ジョージア，アイダホ，ミシシッピ，ニューハンプシャー，オハイオ，ペンシルベニアの各州司法長官らが連名し，会員 1 億人の世界最大 SNS である MySpace に対し，数千人の性犯罪歴者が同サービスを利用していたとして，その前歴者の氏名と住所などの提出を求めた。2006 年の 1 年間だけでも同サイトを通じて大人が子どもを狙った犯罪事件が，未遂も含めて全米で 100 件近くに上るとのことだ。米国内の性犯罪歴者データベースを持つ Sentinel Tech Holdings と協力して，同サイトから性犯罪歴を持つ会員を抹消する方向で動いているようだが，おそらく MySpace 内の性犯罪者は米国内だけに限らないと予測される。

　子どもを対象とする暴力的性犯罪の 4 分の 1 は再犯者であることは世界的に知られており，1994 年 7 月，米ニュージャージー州で 7 歳の女児ミーガンちゃんが性犯罪で二度服役した近所に住む男に誘拐，殺害される事件が起きた 3 カ月後，性犯罪者の名前や住所を地域に開示する「ミーガン法（正式名称を Megan Meier Cyberbullying Prevention Act（H.R. 1966, 2009））」[1] が同州で成立し，その後，全米各州に広まった。イギリスやフランス，韓国にも

---

1) http://thomas.loc.gov/cgi-bin/query/z?c111:H.R.1966:

同様の法律がある。イギリスやアメリカの一部の州では，仮出所した性犯罪者に GPS を義務づけ，24 時間監視しているシステムもある。フランスでも 1998 年に，性犯罪対策として社会内司法監督措置が導入され，2004 年に，年少者への凶悪な性犯罪の再犯防止と犯人の確認を容易にするため，犯罪者の住所等の登録されたデータベースを基に，犯罪者に 1 年に 1 回，住所の証明等の義務を課する制度が整備された。性犯罪者の氏名，住所，犯罪の種類，顔写真などをデータベースに収め管理しているアメリカ，イギリス，フランス，韓国では，近所に性犯罪の前歴者がいるかどうか，すぐに住民は知ることができ，再犯を防止できる。SNS の中に経歴者が含まれているかどうかも検索することができる。しかし，日本などはそのようなデータベースの公開に至っておらず，前歴者を検索することはできない（加納，2007）。

　法の整備に関して，わが国においても 2013 年 6 月に「いじめ防止対策推進法」が可決され，同年 10 月から施行されるようになったが，アメリカでは，Montana 州を除いてすでにいじめの法律を有していない州はない。ネットいじめに関しては，議論が分かれるようだ。ネットいじめの多くはリアルないじめと関連しており，画像を Up された，SNS で悪口を書き込まれたなどのいじめも，リアルないじめの法律で対応できると考え，ネットいじめに特化した条項を盛り込んでいない州と，ネットいじめに特化した法律を盛り込んでいる州に分かれている。米国でのいじめ・ネットいじめの有無の詳細は表 25-2 に示した。

　しかしながらアメリカは，いじめ研究に関して長い歴史を有するわけではない。青山（2011）によれば，「1999 年にコロラド州で起きたコロンバイ高校での銃乱射事件後，急激にいじめ問題が取り上げられ学術研究も増えた。加害生徒の犯人二人が長年いじめの被害者であり，復讐のために事件を起こした可能性が高いと明らかになったからだ（Holt & Keyes, 2004）。また 1974 年から 2000 年に起きた銃乱射事件 37 件についての調査でも，71%の犯人がいじめられていたという（Hinduja & Patchin, 2009）。同様に米国のシークレットサービスが銃乱射に関与した 40 人の男子生徒をインタビュー

表 25-2 米国でのいじめ・ネットいじめの有無

	Bullying law	Update or law proposed	Include "cyberbullying"	Include electronic harassment	Criminal sanction	Scool sanction	Requires Scool Policy	Include off campus behaviors?
Alabama	YES	proposed	NO	YES	NO	NO	YES	NO
Alaska	YES	proposed	NO	NO	NO	YES	YES	NO
Arizona	YES	NO	NO	YES	NO	YES	YES	NO
Arkansas	YES	NO	YES	YES	YES	YES	YES	YES
California	YES	NO	YES	YES	NO	YES	YES	NO
Colorado	YES	NO	NO	YES	proposed	YES	YES	NO
Connecticut	YES	NO	YES	YES	NO	YES	YES	YES
Delaware	YES	NO	NO	YES	NO	YES	YES	NO
Florida	YES	NO	NO	YES	NO	YES	YES	NO
Georgia	YES	proposed	proposed	YES	NO	YES	YES	proposed
Hawaii	YES	NO	YES	YES	proposed	YES	YES	NO
Idaho	YES	NO	NO	YES	YES	YES	YES	NO
Illinois	YES	NO	proposed	YES	NO	YES	YES	NO
Indiana	YES	proposed	NO	proposed	NO	YES	YES	NO
Iowa	YES	NO	NO	YES	NO	YES	YES	NO
Kansas	YES	NO	YES	YES	NO	YES	YES	NO
Kentucky	YES	proposed	proposed	YES	YES	YES	YES	NO
Louisiana	YES	NO	YES	YES	YES	YES	YES	YES
Maine	YES	proposed	proposed	proposed	NO	YES	YES	NO
Maryland	YES	NO	NO	YES	NO	YES	YES	NO
Massachusetts	YES	NO	YES	YES	NO	YES	YES	YES
Michigan	YES	NO	NO	YES	proposed	NO	YES	NO
Minnesota	YES	proposed	NO	YES	NO	YES	YES	NO
Mississippi	YES	NO	NO	YES	NO	YES	YES	NO
Missoure	YES	NO	YES	YES	YES	YES	YES	NO
Montana	NO	NO	NO	NO	YES	NO	NO	NO
Nebraska	YES	proposed	proposed	YES	NO	YES	YES	proposed
Nevada	YES	NO	YES	YES	YES	YES	YES	NO
New Hampshire	YES	proposed	NO	YES	NO	NO	YES	YES
New Jersey	YES	NO	NO	YES	NO	YES	YES	YES
New Mexico	YES	NO	NO	YES	NO	YES	YES	NO
New York	YES	NO	YES	YES	proposed	YES	YES	YES
North Caroline	YES	NO	YES	YES	YES	YES	YES	NO
North Dakota	YES	NO	NO	YES	NO	YES	YES	NO
Ohio	YES	NO	NO	YES	NO	YES	YES	NO
Oklahoma	YES	NO	NO	YES	NO	NO	YES	NO
Oregon	YES	NO	YES	YES	NO	YES	YES	NO
Pennsylvania	YES	NO	NO	YES	NO	YES	YES	NO
Rhode Island	YES	NO	NO	YES	NO	YES	YES	NO
South Caroline	YES	NO	NO	YES	NO	YES	YES	NO
South Dakota	YES	NO	NO	YES	NO	YES	YES	YES
Tennessee	YES	NO	YES	YES	YES	YES	YES	YES
Texas	YES	NO	NO	YES	NO	YES	YES	NO
Utah	YES	NO	YES	YES	NO	YES	YES	NO
Vermont	YES	NO	NO	YES	NO	YES	YES	YES
Virginia	YES	NO	NO	YES	NO	YES	YES	NO
Washington	YES	NO	YES	YES	NO	YES	YES	NO
West Virginia	YES	NO	NO	YES	NO	YES	YES	NO
Wisconsin	YES	NO	NO	NO	YES	YES	YES	NO
Wyoming	YES	NO	NO	YES	NO	YES	YES	NO
STATE TOTALS	49	11	16	47	12	43	49	10
FEDERAL	NO	2009	proposed	proposed	proposed	NO	NO	NO
Washington DC	YES	NO	YES	YES	YES	YES	YES	YES

(The Cyberbullying Research Center http://www.cyberbullying.us/research.php)

した結果,長年同級生にからかわれたり,辱められたりしていたことが分かった(Crothers & Levinson, 2004)。これらの事からメディアの関心も高まり,いじめに関する新聞記事や雑誌の特集はコロンバイ高校での事件後2倍になった(Kowalski et al., 2008)」とのことで,コロンバイ高校の事件が契機となりいじめに注目が集まり法整備が急速に進んだ1999年4月に銃乱射事件が発生したコロンバイン高校のある米国コロラド州ジェファーソン学校

区では，いじめを発生させないよう学校関係者と生徒が責任を持つことを最終目標に，学校区において以下のような規律を設けている（井樋，2007）。

- いじめを受けた生徒は誰でも，すぐに教職員に通報すること。
- いじめ事件に遭遇した教職員は，速やかに校長に対し適切な処置や行為を行うことを要請すること。
- いじめを目撃した教職員は，やめさせるための適切な処置，活動をただちに行い，校長に通知し，適切に対処するよう求めること。
- 校長はいじめについて報告を受け，対応を要請された場合には，早急に対処すること。
- いじめた生徒に対して，退学，停学を含む懲戒を行うこと。

その他校長が適切と考える場合には，次のような方法がとられることもある。

- 生徒に対し，いじめが禁止されており，いじめを行った場合にはどのような懲戒が行われるかについて教え諭すようなプログラムを実施する。
- 学校側による介入の後も引き続きいじめを続ける加害生徒を，被害者や他の生徒から引き離す措置をとる。
- 学校側による介入の後も引き続きいじめを続ける生徒に対して，遠足の参加，課外活動等の特典を剥奪する。
- 教職員がいじめを校長に通報したり，いじめを防止したりするための能力を養う研修を実施する。

第26章

いじめ早期発見のための対策

カナダの対策

　カナダの Bell Canada らはネットいじめに関する調査[1]では，2006年12月20日～2007年1月20日の期間に2,500名に対して行われ，70％以上の回収率であった。回答者の中の44％がネットいじめに遭遇し，38％は3カ月以内にネットいじめを受けたことがあると回答していた。被害を受けたネットいじめのうち，77％が IM（インスタント・メッセンジャー）によっていじめを受けており，37％が e-mail，31％が MySpace や Facebook などのSNS でいじめを受けていていた。そして，ネットいじめへの対応方法として，43％が何もせず，32％がいじめた者へ立ち向かい，27％が友達に相談したという。だが，いじめに対して行動を起こした者の中の39％だけ状況が改善し，35％は何も反応が無く，残りの31％は再発したとのことである。

　この調査結果を分析したトロント大学社会福祉学部フェイ・ミシュナ教授らは，

- 面と向かっては言えないひどいことをネットでは言える

---

1) Majority of Canadian teens in survey report being bullied onlineLast Updated : Wednesday, April 18, 2007,〈http://www. cbc. ca/canada/nova-scotia/story/2007/04/18/cyber-bullying.html〉

- コンピュータを取り上げられることを恐れて,ネットでのいじめやトラブルを親に言わないため発覚が遅れやすい
- いじめっ子の正体がわからない

などの特徴を指摘し,いじめ早期発見のためのポイントと対処法を提案した。

子どもの様子からネットいじめを発見するポイント

- 内向的になったり,動揺したり,不安になったり,落ち込んだりしている
- 他人(弟妹など)を怒鳴ったりいじめたりすることで怒りを表す
- 不眠や頭痛,胃痛,食習慣の変化など身体的な不調
- 社会的な出来事への関心を失う
- 登校を嫌がる
- インターネットなどのテクノロジーとのかかわりの変化

保護者がネットいじめについて子どもと話せるようにするための方法

- オープンに話せる雰囲気を作り,問題が起きてからではなく,日頃からインターネットやテクノロジーについて話をする
- ネット上で問題があったときには,すぐに報告するように促し,子どもの話に耳を傾ける
- もしもいじめられたとしてもいじめられた方が悪いわけではないのだと,子どもを力づける
- 他人に助けを求めることは弱さのしるしではなく,自立し,いじめている側に「いじめを続けることは許されない」というメッセージを送る手段だということを強調する

ネットいじめを防止するための最善の方法

- インターネットの安全な使い方を学び,子どもに教える
- 写真やビデオなど,いじめに利用されるかもしれない個人情報を投稿することの危険性を教える

- 子どもが言ったことを割り引いて聞いたり，「無視しなさい」「深刻に考えなくていい」などの間違った気休めを言わない
- コンピュータを使えないようにするなどの軽率な対策を取らない
- 子どもがいじめにあったら一緒に解決策を見つけてあげることを明言する
- 子どものネット利用を監視する。コンピュータを家族のいる場所に置き，ソフトをコントロールし，子どもが自宅以外の場所でインターネットにアクセスしている場合はそれを把握すること

イギリスでのネットいじめ防止キャンペーン

　イギリス政府の State for Children, Schools and Families（DCSF）[2] が実施した 2007 年の調査によると，イギリスの 12 歳から 15 歳の 34％は，何らかのネットいじめを経験したことがあると回答した。これは，先に挙げたアメリカの Pew Internet & American Life Project による調査結果とほぼ同じ割合である。また最近では，教師がいじめの被害者となるケースも増えているという。ネットいじめには，特定個人を傷つける内容をオンラインで広める行為や，携帯電話を使ったハラスメントなどが含まれている。このようなネットいじめの実態を深刻に考えたイギリス政府は，2007 年 9 月に「ネットいじめ防止キャンペーン」を立ち上げた。20 万ポンドをかけたネットいじめキャンペーン「Laugh at it and you're a part of it」では，子どもたちに人気のソーシャルネットワーキングサービス（SNS）や Web サイトに 5 種類のイメージ画像や短編ビデオを掲載し，自分がいじめの対象となったらどう思うか，いじめが被害者にどのような影響を及ぼすか，学校，両親，友人がいじめをどのように防げるかを訴えた。さらに，いじめ防止のためのガイダンスを作成し，MySpace，Bebo，Yahoo!，MSN は，無料で広告枠をこのキャンペーン用に提供した。

---

[2] 2007 年〜2010 年の間イギリス政府によって作られた組織であるが，今は教育省（Department for Education）に統合されている。

また，イギリスの教育省による調査「The Annual Bullying Survey 2014」[3]によれば，若者（13歳〜22歳）の45％が18歳になる前に一度はいじめを経験しており，26％の者が日常的にいじめを経験しているとのことだ。小学生に限れば男子小学生の65％，女子小学生の63％がいじめられた経験を持っており，中等学校の生徒では男女とも76％がいじめられた経験を持っていると回答している。そしていじめられた理由については，回答者の40％は個人的な特徴（身だしなみ）のためにいじめられており，36％は体型や身長・体重のためにいじめられていると報告されている。さらに，いじめを受けた回答者の39％は彼らがいじめられていることを誰にも話したことがなく，いじめを先生に相談した回答者の51％は，彼らが先生から受けたいじめの対処方法に満足していなかった。身体的な障害を持つ回答者の63％はいじめを経験しており，その多くの場合は仲間はずれを経験していた。

　同調査によれば，いじめを受けた影響について，いじめを受けた回答者のうち83％が自らの自尊心を傷つけられており，30％が自傷行為を行っており，10％が自殺を試みており，56％が学業に影響を与えたと回答しているとのことだ。実際，成績との関連も調査されており，いじめられた経験を持たない人の41％は英語で高い成績（AまたはA＋の等級）を修めているのに対し，過去にいじめられた経験を持つ人でAまたはA＋の等級を修めた人は30％に留まり，現在いじめられている人は26％に留まるという結果であった。理科や数学についても同様の傾向が見られたと報告されている。日本では，成績といじめの関係について調査された結果はないため，表26-1に紹介しておく。この表を見ると，いじめられている者の割合が多いのは，C等級の成績の傾向にあることがわかる。いじめに悩み成績が下がることは，容易に推察できるが，GやU等級まで下がるわけではなく，本質的に能力のない者がいじめられるわけではないと考えられる。

---

3) http://www.ditchthelabel.org/uk-bullying-statistics-2014/
　DITCH THE LABEL（2014）The Annual Bullying Survey 2014

表 26-1 いじめられた経験の有無と成績の関係（DITCH THE LABEL, 2014）[3]

	成績	いじめ経験なし	いじめ経験あり	現在いじめられている
数学	A+	21%	15%	13%
	A	20%	21%	16%
	B	20%	20%	16%
	C	24%	24%	26%
	D	8%	10%	12%
	E	4%	4%	8%
	F	2%	3%	5%
	G	1%	1%	2%
	U	0%	1%	2%
英語	A+	16%	15%	10%
	A	25%	25%	16%
	B	23%	22%	24%
	C	21%	23%	26%
	D	10%	10%	13%
	E	3%	3%	7%
	F	1%	1%	1%
	G	0%	0%	1%
	U	0%	0%	1%
理科	A+	25%	21%	16%
	A	23%	22%	18%
	B	19%	19%	20%
	C	19%	22%	25%
	D	9%	10%	10%
	E	3%	4%	5%
	F	1%	1%	4%
	G	0%	0%	1%
	U	1%	0%	1%

闇サイト・ネットいじめ対策

　闇サイト・ネットいじめ画面との遭遇は，健常な心の持ち主であれば，不快以外の何ものでもない。ISP事業を国の公共事業化し，Web公開コンテンツすべてを検閲する仕組みに変えれば，闇サイト・ネットいじめの行為を，国内のサーバーから一掃することはできる。だが，すべて検閲をしたのでは，表現の自由の侵害となり，Webコンテンツは発展しなくなってしまう。さらに，闇サイト・ネットいじめは海外のサーバーで運営されるサイトに移動させるだけで，かえって，加害者の特定を困難にするだけである。ネット

いじめは今や世界中の問題であり，各国それぞれの取り組みが行われてきているが，最後にわが国での闇サイト・ネットいじめ対策を提案したい。

- ネットや携帯電話，オンラインゲーム機の利用を不用意に禁止せず，ルールを決め，大人の目の届く範囲で安心して利用できる環境を整える。→禁止するため，発覚や相談が遅れてしまう。
- 子どもたちを発達段階に応じてネット世界へ適切にナビゲートしていくような仕組みを確立する。→適切にナビゲートしないために，勝手に一人歩きをし，闇サイトにであってしまったり，ネットいじめの被害者・加害者になってしまう。
- ネット上の危険さやルールや決まり，人との接し方などの情報モラルをきちんと学ばせる。
闇サイトやネットいじめに遭遇した時には，それを叱らず，親や教師が必ず解決策を真剣に捉え一緒に見つけてくれるという信頼できる関係を築く。
- ペアレンタル・コントロールなどのソフトウェアによって，子どもがどんなサイトにアクセスをし，オンラインゲームを何時間行っているか，どんなプロフやブログを書いているのか，どんなアバターを作りどんなコミュニケーションを取っているのか，常時見守る。→ネット上で子どもが発信し公開していることは，個人情報でも何でもない。見ず知らずの人の目にも触れる内容である以上，実の親や教員が把握していない方が，監督不行届といわざるを得ない。子どもが関心を持っていることに，子どもの目線で関心を持つことが大切である。

傍観者に働きかけることによりいじめを防止するする取り組み

　第8章でも触れたように，いじめは傍観者がいるからこそ起きる。一人の者を嘲笑することにより，皆にエンターテインメントを提供するエンターテイナーとして，傍観者から賞賛を受けることを期待しているのである。嘲笑される被害者に皆が見方をし，加害者は誰からも賞賛されず無視されたの

であれば，いじめを続けようとはしない。

　そのため，傍観者に働きかけることによりいじめを防止するする取り組みが，フィンランドで行われている。それは，フィンランドのトゥルク大学がフィンランド教育文化省の助成金を得て，サルミバリ・クリスティーナ（Salmivalli, Kärnä）教授らが開発したKiVa[4]という「いじめ対策プログラム」である。ディスカッション・ビデオ視聴・ペアや小グループでの体験学習を組み合わせた教育プログラムである。2007年から2009年の間に，234校の児童・生徒3万人以上がKiVaの実証実験に参加し効果を上げたとのことだ（Rubin, 2014）[5]。実証実験では，いじめの加害者に対し容認できない行為であるためただちにやめるよう皆の前で告げる「厳しい対処」と，加害者に被害者の気持ちを理解させるようにするという「ソフトな対処」が実施された。実施校・非実施校それぞれ117校に実施し，「ソフトな対処」は長期的ないじめや初等学校の場合に，「厳しい対処」は加害者が複数の場合に効果があったと報告されているとのことだ（望田，2013）。現在では，フィンランドの義務教育を行う初等学校の約90％がKiVaプラグラムに参加しており，オランダやスウェーデンの学校にも導入されている。日本では，大阪教育大学の戸田有一先生を中心に，KiVaを日本に適したかたちにする試行実践が行われているところである。

その他さまざまな取り組み

　この他，スウェーデンではさまざまないじめ対策がとられている（井樋，2013）。「ファシュターメソッド」と呼ばれるいじめ発生時に「いじめ対策

---

[4] http://www.kivaprogram.net/
　Salmivalli, C., Kärnä, A., & Poskiparta, E.（2010）Development, evaluation, and diffusion of a national anti-bullying program, KiVa. In B. Doll, W. Pfohl, & J. Yoon（Eds.）, Handbook of Youth Prevention Science. Routledge, New York, p.238-252

[5] Rubin, C.M.（2014）The Global Search for Education : It Takes a Community, HUFF POST Education.
　http://www.huffingtonpost.com/c-m-rubin/the-global-search-for-edu_48_b_1888887.html#es_share_ended

共同チーム」を結成し，被害者・加害者・教職員との対話による解決を目指す取り組みがあり，これは相手を追い詰める可能性があり，反復するいじめには効果がないとされている。また，「友達支援者」の役割をする児童生徒を決める「友達プログラム」も試みられており，いじめ防止の自覚を促される効果はあるものの，友達支援者が密告者や監視者となり，あまり効果は上がっていないとのことだ。さらに「オルヴェウスプログラム」と呼ばれる方法は，いじめについての特別講義とさまざまな取り組みを取り込んだ包括的なプログラムではあるが，効果はあまり上がっていないとのことだ。「スクールコメット」といういじめ防止プログラムは，教師に対する教育プログラムであり，いじめへの対応力のある教職員を多く育成するという効果は上げているとのことだ。

　また，米国デラウェア州学校いじめ防止法案では，ネットいじめに関する規定を設けており，学校にいないときでも，学校に未設に関係がある電子機器等を使ったいじめを処分の対象としている（井樋，2007）。

　さらに，フィリピンにおけるいじめ防止法案においても，ネットいじめに関する規定を設けており，「いじめの存在を知った者は，ただちに学校に報告しなければならず，報告を受けた学校側は，速やかに調査を行わなければならない。また，学校は，加害者に対し適切な懲戒処分を行い，加害者及び被害者の保護者に通知するとともに，いじめの行為が刑法の定める犯罪に該当すると認めるときは，法執行官に通知しなければならない」（第4条第2項）とされており，これを行った学校は強制処分が下され，私立学校の場合は設立認可の停止もあり得るという極めて厳格な法律である（坂野，2013）[6]。

---

6) Plan Philippines（2009）Towards a Child-Friendly Education Environment : A Baseline Study on Violence against Children in Public Schools, Plan Philippines, p.3.
http://plan-international.org/learnwithoutfear/files/philippines-toward-a-child-friendly-education-environment-english

第27章

多元的いじめの分類と対処法

　本章では，ネットいじめを含むいじめの構造を分類し，それぞれの対処法を提案する。いじめの原因ごとにいじめのステージを3段階に分類した（表27-1）。

　[ちょっかい型]には二つのパターンがある。少し気になる異性に対し，ストレートな思いは伝えられず，ものを隠したり嫌われるような悪口を言って注意を引こうとするような場合が一つ。もう一つは，動物が群れの中のボスになろうとするとき，ボスとしての威厳を示すために群れの仲間に噛みついたりひっかいたりするように，力関係を示すために手出しをするような場合がある。「ちょっかい」に分類されるいじめの場合は，基本的に，見守る対処法でよい。大人が口出しをすることで，かえって健全な成長の妨げになることすらある。

　[流動型]の場合は，話し方に特徴があるとか，反応が大げさだとか，その場その場で原因が流転する場合である。このカテゴリーで被害者になりやすい特徴として［キョロ充］が挙げられる。ネットの中で活躍するタイプを［ネト充］，リアルで活躍するタイプを［リア充］等と呼ばれるようになって久しい。そして，新たに，［キョロ充］と分類され，誹謗中傷が書き込まれているネット上の書き込みを見かけることがある。［キョロ充］とは，［リア充］の仲間だと見られたいために，［リア充］の持ち物や服装，行動などを

表 27-1　多元的いじめの分類（加納，2012）

いじめの原因	ちょっかい型		流動型		ルサンチマン型	
いじめの段階	リアル	ネット	リアル	ネット	リアル	ネット
ステージ1	ものを隠す 悪口	軽微な誹謗中傷	無視 仲間はずれ ものを隠す 悪口	軽微な誹謗中傷	無視 仲間はずれ ものを隠す 悪口	軽微な誹謗中傷
ステージ2	軽微な暴力 使いっ走り		軽微な暴力 使いっ走り	誹謗中傷	軽微な暴力	誹謗中傷
ステージ3			恐喝 暴行 自殺の練習 等	辱めた写真や自殺の練習をしている動画などのUP等	恐喝 暴行 自殺の練習 等	辱めた写真や自殺の練習をしている動画などのUP等

キョロキョロ観察してまねるタイプである。一人で食事をしたり，自分で判断し行動することが苦手なタイプである。［キョロ充］はいじめのボスの命令により，いじめの実行者に仕立てられることもあれば，いじめられる対象になることもある。

　はじめから，自分で判断し行動できる自立した子どもばかりではない。周りの様子を見ながら行動し，良いと思うところはまねたりすることも悪いことではない。［キョロ充］に対して，強い敵意を持っていじめているわけではないので，いじめてはいけないと，大人は威厳を持って指導することによって，治まることが多い。

　［ルサンチマン型］とは，ねたみや嫉妬などである。ルサンチマンは嗜虐性を生み，たとえそれが誤解であっても根深いことが多い。加害者側の心の闇の深層をじっくり時間をかけて解決していく必要がある。表面的に注意をしたり，安易に被害者と加害者を呼んで謝罪させたりすると，ますます報復が激しくなることもあるため，慎重に対応する必要がある[1]。

---

1) ルサンチマンと嗜虐性の関係については，加納寛子（2011）『ネットいじめ』（現代のエスプリ No.526，ぎょうせい）において，若干詳細な図説をした。

ものを隠すなど初期症状の段階では，いじめの原因が何であるか判断が難しい。しかし，軽微な誹謗中傷であってもネット上に書かれた文字を読み取ることによって，判断できる場合も少なくない。恨みねたみや罵詈雑言が書き込まれていれば，ルサンチマンのケースであるし，嘲笑に満ちた書き込みであれば流動型が考えられる。ネットいじめはあくまでも症状の一つにすぎないため，削除したらおしまいではなく，書き込まれているサイト全体を分析し，深層を探り，リアルないじめの対処法を見分ける手がかりとして，包括的な生徒指導に役立てていただきたいと思う。

「中3生，後輩のLINE書き込みに腹立てて殴る蹴る　山形」(2013.7.19 11:32, MSN産経ニュース) によれば，山形県酒田市の市立中学校で2013年7月16日，携帯電話の無料通信アプリ「LINE」の書き込みのトラブルから3年の男子生徒二人が2年の男子生徒 (14) に暴行し，鼻の骨を折るけがをさせた事件が起きた。2年生がLINEに「3年生は怖くない」という趣旨の書き込みをしたことにたいし，「上下関係を軽んじられて頭にきた」と，部活動の先輩とその友人は後輩生徒を学校の体育館前に呼び出し，殴る蹴るの暴行をしたとのこと。

本書の中ですでに述べてきたことであるが，LINEやスマホなどの道具が事件を引き起こしているわけではない。いずれも拳銃やナイフのように直接危害を加えるような道具でもない。先輩が後輩を呼び出しリンチをする事件は20年前にもあった。

しかしながら，呉市の女性殺人遺棄事件でもLINEの口論が指摘されたことも含め，まったく無関係とも言い切れない。扱い方が適切でなかったために，トラブルの原因になったと考えられる。

その場限りのイベント行事としてではなく，義務教育段階で，正規のカリキュラムの中で，LINEやメール等で書き込む内容の相手への伝わり方，波及力などについて，段階を追って系統的に教えていくことが，最も効果のある対策といえるであろう。

第28章

ネットいじめの分類と対処法

　ネットを利用しないいじめも利用したいじめも，本質的な問題は同じなので，解消するための手だても共通するところが多い。ルサンチマンをコントロールする方法は，場所や年齢，ツールによらずすべてのいじめに共通する。だが，ネットを利用していじめた場合とそうでない場合では，ツールが違うので，対策が異なる場合がある。そこで，ネットいじめを分類し，それぞれ被害者の立場での対策を述べる。

(1) なりすましメール型

　A子とB子が親友である場合に，「A子とは絶交。キモいから近寄ってこないでね。B子」などと，悪意の第三者がB子になりすましてA子にメールを送り，A子あるいはB子を孤立させるネットいじめである。このような場合は，友人関係の溝が深くなる前に，本当に送ったのかどうか，どういう意図で送ったのかを，直接会ってはっきりと確認することである。そうしないで，思いこみで悩んでいると，関係が悪化するばかりである。

(2) なりすまし掲示板（ブログ・SNS・プロフも含む）型

　電子掲示板（出会い系サイトとは限らない）で「JC2（女子中学2年生の意）のA子です。WU吉（諭吉ダブル，つまり2万円の意）で差保（サポー

トの意）よろしく！　090-xxx-xxxx」などの書き込みを見かけることがある。実際に自分で書き込む子どももいるが，悪意の第三者がいじめたい相手になりすまして書き込むことがある。このような一文を書き込むだけで，いじめたい相手のもとへ，怪しい男からの誘いの電話がかかることになる。まずは，書き込まれた掲示板の管理者に削除依頼することである。連絡先がわからなかったり，対応が遅かったりすることもある。不愉快だが，早急に携帯電話の番号を変更し，どうしても連絡を取る必要のある人以外に電話番号を教えないようにすることである。

(3) 匿名型

「氏ね氏ね氏ね」とか「学校に来るな」などと書いたメールを，匿名のメールアドレスから送るネットいじめである。クラスメイトの誰かであろうが誰かはわからない。「こんなメールは気にしないでおこう」と思っていても，何十通と受け取るうちに，どうしても気が滅入って，行動できなくなってしまう。こういったネットいじめを受けた子どもに話を聞くと，「金縛りにあったように，手も体も動かなくなってしまう」「頭が真っ白になり，思考停止状態になる」と答える場合が多い。これは極度の緊張状態である。この状態が続くと，うつ病になってしまうこともある。

そうなる前に，2通，3通と届きはじめたらすぐに，躊躇せずメールアドレスを変更することだ。心療内科に通院するほど精神的ダメージを受けているにもかかわらず，アドレスを変更していない場合がある。メールアドレスを変更してしまうと，転校した友達などから連絡がこなくなることを心配しているようだ。転校した友達が，遠方からいじめてくることはまず考えられない。もし，心配であれば，メールアドレスを変更したらすぐに，転校した友達などにアドレス変更の知らせを送付すればすむ。クラスメイトの誰が送ったのかわからない場合は，一人ずつ，なるべく日数をおいて教えていくとよい。二人目まで教えたときには何ともなかったのに，三人目に教えたとたん氏ね氏ねメールが届くようになったら，三人目の人を疑えばよい。ど

うしても送り主が判明しない場合は，［指定受信］の設定にする方法もある。登録してある相手からしかメールを受信しない設定だ。氏ね氏ねメールは，通常誰が送ったかわからないようにするため，フリーで取得できる匿名メールから送る場合が多い。［指定受信］の設定にすることによって，登録してある人以外からのメールは受け取らないですむ。

（4） オンラインアンケート型

　「将来殺人事件を起こしそうな人ランキング」「クラスからいなくなってほしい人ランキング」など，フリーのオンラインアンケートツールを使ったアンケート型のネットいじめも，なかなか消滅しない。ランキング上位者には，アンケートを採っていることを知らせず，アンケートを採り終わった頃に，「このアンケートのこと知ってた？　ひどいよね」などと心配する振りをしながら，最後には，ランキングのトップになっている人にも必ず知らせるのである。一生知らせなければ傷つくことはない。だが，知らせないではいじめが完結しないのである。30人40人が回答した結果，みんなが自分のことをクラスからいなくなってほしいと思っていることを知らせ，愕然としたその様子を見て冷笑するいじめである。誰がつくったのか，犯人捜しをしてもらちがあかない。まずは，アンケートサイトを管理している管理者に連絡し，管理者権限でそのアンケートを削除してもらうとよい。電子掲示板に比べて，アンケートサイトは，管理者の連絡先が見つからない場合は少なく，比較的迅速に削除依頼に応じてもらえる。万が一，アンケート結果が卒業文集などに掲載されることになったら，印刷される前に担任の先生に相談するとよい。時々，卒業文集に掲載されてしまって，担任が管理不行き届きとして処罰を受けることがある。確かに文集の内容を一字一句をチェックしてから印刷に回さなかった責任がないわけではない。だが，実際は卒業文集印刷の時期ともなれば，卒業式の練習やその他諸々で，じっくりチェックできていない場合もある。先生が印刷する前にチェックしてくれるはずだ，と，過信せず，「将来殺人事件を起こしそうな人ランキング第1位に自分が

選ばれていて，それを文集委員が文集に載せようとしているので，やめさせてください」と，きちんと連絡することである。

(5) 写真・動画型

　ハダカの写真やいじめられている動画を撮影し，動画サイトや掲示板等（ブログ・SNS・プロフも含む）に掲載するいじめである。実際に服を脱がせて撮る場合と，普通に撮影した写真とアダルトサイトの胴体部分をつなげたアイコラを作成し，それを掲載する場合がある。アイコラの場合は，加害者が特定できない場合もあるが，実際に撮影される場合であれば，加害者は判明している。掲示板等の管理者に削除依頼をすると同時に，即座に警察へ被害届を出す。強制わいせつと児童買春・ポルノ禁止法違反の容疑で加害者は即座に逮捕される。ここまでくれば，すでにネットいじめの領域ではなく犯罪行為である。

(6) 恐喝・脅迫メール

　「5万円公園に持ってこなければ，ハダカの写真をばらまくぞ」等の脅迫メールや恐喝メールが送られることもある。この場合も，ネットいじめでなく犯罪である。公園で受け取る加害者がわかっているので，即座に警察へ通報すれば，恐喝罪や脅迫罪で加害者は逮捕されることになる。

　ネット以外のいじめもそうだが，ネットいじめであってもネットだけの出来事ではなく，リアルな犯罪の域に達する場合もある。そのような場合は，速やかに社会のルールを適応するべきだ。子ども同士とはいえ，いやがる相手をハダカにすれば強制わいせつ罪であるし，恐喝をすれば恐喝罪だ。学校内で起きた犯罪であっても，路上で起きた犯罪と同様に裁かれることを認識させた方が，犯罪を犯さなくなる。

(7) 出来事の履歴を残しておくこと

　誹謗中傷メールや掲示板への嫌がらせの書き込みに始まり，最後は被害者

を自殺にまで追い込むこともある。大半は，大事になる前に，何らかの解決に至るか，解消されるか，消滅していく。だが，突如として被害者が自殺してはじめて，いじめの実態が明らかになることがある。遺書が出てきても，自殺する前に，進路について親とけんかしたなどのいきさつがあると，学校でいじめがあったことが認められても，自殺の原因とは認められない場合もある。自殺にいたらずとも，加害者や学校と被害者の関係がこじれて裁判沙汰になることもあろう。

　「遺書」とか「ケータイへの嫌がらせメールの履歴」とか「辱められた画像」などといった断片的な証拠だけでも，いじめを立証することはできるはずであるが，子どもが自殺してしまったり，悩み抜いた末にうつ病になってしまったりすると，なかなか理路整然と経緯が語れないことがある。

　その一方で加害者側は，罪の意識があったとしても，心身が壊れるほどのダメージは受けていないため，理路整然と言い訳を述べるかもしれない。そうなると，窮地に追い込まれた被害者側に有利に運ぶとは限らない。そのため，誹謗中傷メールが届くとか，初期の段階から，いじめられた履歴を残しておくことを提案したい。記載すべきことは，何年何月何時に，どのアドレスから，どういった文面が届いたのか，あるいは，どのサイトにどんなことが書き込まれたのか，すべて記録しておくのである。ケータイであってもパソコンであっても，画面を保存することができる。ネット上からは消し去っても，紙に印刷したり，記憶媒体にメール文面や画像をそのまま保存しておくのである。繰り返し「死ね」というメールが送られた，という記録だけよりも，送信日時が入ったメールが，100通200通と保存されていた方が証拠として有利である。

　たとえ裁判に至ることがなくても，嫌がらせの履歴をすべて保存して，いざというときのために証拠として保存していることにより，加害者を威圧し，嫌がらせを阻止する抑止力にもつながるかもしれない。いじめの経緯を客観的に人に伝えることに役立つと同時に，自分自身で，自分の置かれている状況を客体的に把握することを助け，自殺という最後の手段を選ぶことを

思いとどまるかもしれない。

結び

　子どもたちは，いじめを行ってはいけないと知った上で行っている。啓発したり，注意したからといって簡単にはやめないかもしれないが，無駄だから何もしないのではなく，いろいろな形でメッセージを伝えていくことは重要だ。名古屋市は「ネットいじめ防止CM」を作成し，京都府は「STOP！ネットいじめ」の動画を作成し，私もネットいじめを軽減させるためのサイトやビデオを作成しているし，各種団体や，NPO等からもネットいじめ撲滅の冊子やDVD等が作成されている。こういった草の根的な啓発と，ルサンチマンをコントロールする方法を身につけさせるための教育，履歴の保存，の3点が現在できる対策である。動画サイトや掲示板管理者には，削除要請が出たら24時間以内に削除しなければいけないなど，具体的な義務を設ける必要がある。Webサイトの検閲制度や匿名性の廃止は，もう少し熟議を待たねばならない。

文　献

青山郁子（2011）米国でのネットいじめの実態と対策．（加納寛子編）ネットいじめ．現代のエスプリ No.526, pp.157-167, 至文堂.
Crothers, L.M. & Levinson, E.M.（2004）. Assessment of bullying : A review of methods and instruments. Journal of Counseling and Development, 82 ; 496-502.
Hinduja, S., & Patchin, J.W.（2009）Bullying beyond the schoolyard : Preventing and responding to cyberbullying. Thousand Oaks, CA , Corwin Press.
Holt, M.K. & Keyes, A.M.（2004）Teachers' attitude toward bullying. In Espelage, D.L. & Swearer, S.M.（Eds.）, Bullying in American schools.（pp.121-139）. London, Lawrence Erlbaum Associates, Publishers.
井樋三枝子（2007）アメリカ合衆国におけるいじめ防止対応―連邦によるアプローチと州の反いじめ法制定の動き．外国の立法 233, 国立国会図書館調査及び立法考査局, pp.4-15.
井樋三枝子（2013）スウェーデンの新学校法におけるいじめ関係規定．外国の立法 256, 国立国会図書館調査及び立法考査局, pp.20-44.
加納寛子（2007）ネットジェネレーションのための情報リテラシー＆情報モラル―ネット犯罪・ネットいじめ・学校裏サイト．大学教育出版.
加納寛子（2012）ネットいじめの現在．現代思想臨時増刊号, pp.229-239. 青土社.
Kowalski, R., Limber, P.S. & Agatston, W.P.（2008）. Cyberbullying : Bullying in the digital age.

Malden, MA , Blackwell Publishing.
McQuade, C.S., Colt, P.J. & Meyer, B.N.（2009）Cyberbullying. Protecting kids and adults from online bullies. Westport, Connecticut, Praeger.
望田研吾（2013）諸外国のいじめ問題とフィンランドと英国の防止への取り組み．教育と医学　2月号，pp.36-43.
坂野一生（2013）フィリピン— 2013年いじめ防止法の制定．外国の立法，国立国会図書館調査及び立法考査局.

付　録

いじめサインを見つけるための
フローチャートとワークシート

1　学校でのいじめフローチャート

　いじめの相談に来られたとき，いじめと思われる情報を得たとき，どう動いたらよいのか，なかなかとっさにどう動いたらよいのか判断できないという話をよく聞く。そのため，フローチャートを用意した。学校にいじめを受けていると相談しても，しばらく様子を見ようと言われた，様子を見ながら対応を考えようとしているうちに，被害者が自殺未遂を起こしたなどという場合もある。学校でのいじめフローチャートの中に，［様子を見る］というプロセスは存在しない。［様子を見る］とは，何もしないと同じことだからである。被害者が相談に来たならば，即座に，いじめをやめさせるプロセスに動くことができるし，そうすべきである。むしろ，相談に来てから動き始めるのでは，対策が遅いぐらいである。できうることならば，いじめの被害者が相談に来るというアクションに至る前に早期発見することにより，傷が浅いうちに早期解決することが望ましい。

　図1に学校でのいじめフローチャートを示した。スタート地点にいるのは，学校の教師〔校長・教頭・カウンセラー等も含む〕である。教師の目から見て，いじめが起きているかどうか判断し，Noであれば，机・持ち物・表情・言動・SNS等を観察に進む。緻密な観察を経ずに発覚するいじめは，すでにかなりエスカレートした段階である。恐喝罪[1]・傷害罪[2]に該当すれば，すでに学校内で解決できるレベルを逸脱している。警察や病院等と連携し，迅速に［被害者を守る］ことを優先する必要がある。加害者を逮捕すること，罰することが目的なのではない。迅速に［被害者を守る］ために通報するのである。教師より体格のよい中学生・高校生がリンチ行為に及んだ

1）脅迫すること等で相手を畏怖させ,金銭その他の財物を脅し取ることを内容とする犯罪。刑法249条に規定されている。
2）故意により人に傷害を負わせる行為であり，広義には刑法第2編第27章に定める傷害の罪（刑法204条～刑法208条の2）を指し，狭義には刑法204条に規定されている傷害罪を指す。

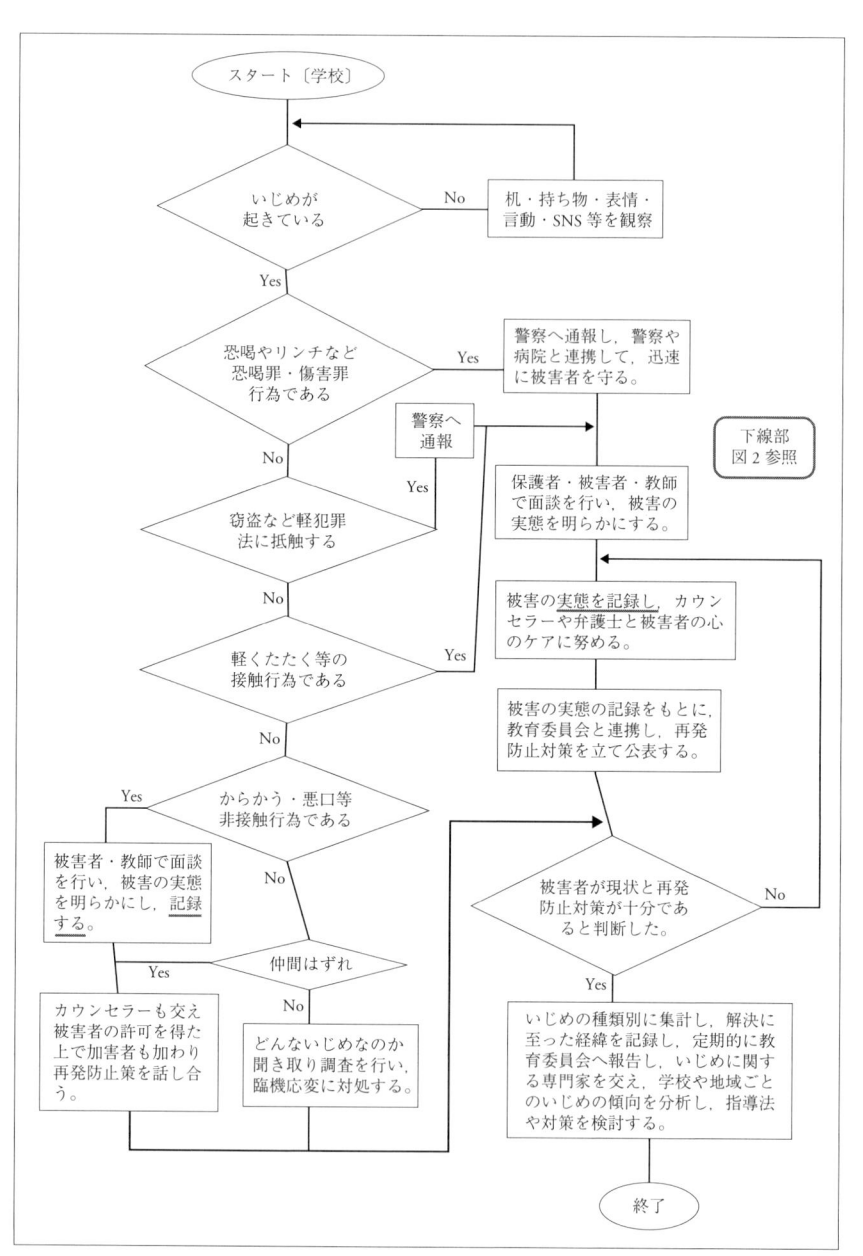

図1 学校でのいじめフローチャート

際に，教師一人の力では太刀打ちできないこともあるし，その場では素直に従ったとしても，教師が去った後に被害者へのリンチが再発する可能性や，教師に対し暴力の矛先を向けてくる可能性もある。恐喝罪・傷害罪は，きっかけとしていじめがエスカレートした結果であっても，その行為はいじめではなく犯罪である。町の中で起きた場合と同様，暴行が伴う場合は，被害者の命を守ることを優先し，警察と連携し，迅速かつ適切に対処することが必要である。

窃盗罪[3]や軽犯罪法[4]に抵触する場合など被害者の命は脅かされないが，きちんと法律に従い通報することにより，学校内でも法律が適用されることを加害者に学ばせることにつながり，さらなる犯罪へ向かわせることを未然に防ぐことにもつながる。いきなり数万円もするようなものを盗む行為へ進む場合もあるが，多くの場合は，鉛筆を隠す・消しゴムを盗む，教科書を隠す，ノートを盗むなど，小さな窃盗や器物破損を繰り返すうちに，高価な持ち物や被害者の親の財布などの窃盗へエスカレートする。大津いじめ事件に

---

3) 窃盗罪を犯した者は，刑法235条により，10年以下の懲役又は50万円以下の罰金に処せられる。親族間における窃盗の場合は，刑を免除されたり（刑法244条1項），告訴がなければ公訴を提起できなかったりする（刑法244条2項。親告罪）という特例がある（親族相盗例）。しかしながら，学校や警察が被害者に告訴を止める権限はどこにもない。学校や警察に届け出たが，すぐに動いてもらえなかったという事件がこれまで何度も報じられてきた。最も嫌がらせとして根も葉もない届け出をする可能性もあるため，冤罪を生まないためにも，十分な吟味も必要だ。

4) 軽犯罪法には「他人の業務に対して悪戯などでこれを妨害した者」など，さまざまな行為が当てはまる。20歳を過ぎて，バイト先の冷蔵庫に自ら入り撮影しSNS上に写真をアップするなどの行為を平然と行う若者が多数いる現状を見ると，義務教育段階でどんな行為が法律に抵触するか理解させる教育が不十分と思われる。相手がいやがる行為をしても，いじりだ，いじめだと法律に照らすことなく対処している教育に問題がある。学校に遅刻する，靴下を三つ折りにする等の校則を破ることは刑法に触れない行為である。学校独自で決めているルールと，刑法を破る行為の罪の重さの違いを，義務教育段階できちんと学ばせる必要がある。昔，筆者が通う中学では靴下を三つ折りにするという校則があった。しかし，なぜ三つ折りにするという校則をあれほどまで厳格にそれに従わせようとする教育がなされたのか，それでいて窃盗や暴行，器物破損に関しては放任状態であるかのように生徒の目に写ったのか，30年経た今も理解できない。
軽犯罪法：http://law.e-gov.go.jp/htmldata/S23/S23HO039.html

おいて，加害者らは被害者宅へ来て，被害者の手足を縛り口を粘着テープで貼り，貴金属や財布などを盗んだことも報じられている[5]。消しゴムを一つ盗んだからといって，警察に通報する必要はないが，被害者が机を離れるたびに，執拗に繰り返し窃盗が繰り返される場合には，きちんとした手続きを踏むことにより，執拗な窃盗によるいじめを迅速に阻止する効果がある。

　もちろん通報はスタートである。通報した上で，教師がきちんと被害の実態を被害者から聞き，記録し，何がどう起きたのかを把握する必要がある。記録することが重要な理由は，多くのいじめは，類似した経緯をたどる。どう解決していったのかを記録することにより，類似したいじめが起きた場合の前例として参考にすることができる。

　また，いじめにより暴行を加えた場合，加害者が全面的に過失を認めることは少なく，プロレスごっこをしていた，遊んでいた，けんかであった，いじめではなくいじりだなどと答える場合が多く，責任の所在が不明確になりがちであるため，被害者を守るために，被害者を守る立場の弁護士を〔被害者側にとって〕無償で手配する必要がる。いじめによる自殺が起き，その調査委員会には弁護士が加わる場合もあるが，ともすると学校や管理職，教育委員会を守る立場の弁護士であり，被害者に寄り添った方向へ導かれない場合がある。自殺した後に遺書が見つかり，誰にいじめられたのか，具体的に人の名前を挙げて，具体的にいじめの内容が示されていても，調査委員会が調査した結果，自殺の原因は，家庭に問題があり，学校のいじめが原因ではないと結論づけられたと報じられるケースは多数ある。私自身が調査委員会に加わり調査したわけではないので，断言することは差し控えたいが，いじめが原因で自殺しましたという遺書が見つかり，具体的な記述があれば，99％いじめが原因の自殺であろう。たとえそうであっても，いじめの調査委員会のメンバー次第では，いじめが自殺の原因ではないと結論づけられてしまう場合も考えられる。それを防ぐためには，被害者側が弁護士や有識者

---

[5] 中2いじめ自殺『読売新聞』2012年07月12日。

を選定し，その費用は学校・教育委員会等が支払う形式にする必要がある。

2　被害実態の記録

　図1のフローチャートの中に，被害実態の記録の項目を示した。記録をする目的は，三つある。一つ目は，被害者および被害者の保護者などに，何が起きているのか伝える目的である。二つ目は，学校が実態を把握し，被害者を守り，加害者の教育に役立て，再発防止に努めるための対策を講じるためである。三つ目は，加害者にいじめ行為の再認識と反省を促す目的である。

　記録に必要なポイントは，5W1H，いつ（When），どこで（Where），だれが（Who），なにを（What），なぜ（Why），どのように（How）いじめが起きたのか明記することである。いじめ記録の例を図2に示した。書式は問わないが，いじめが発覚した時点で，すでに，複数のいじめの様態が見られる場合が多い。それらを，時系列に記録し，記録日時の段階でどんな対応をとったのか，記録する必要がある。もし，被害者がけがをした場合は，迅速に病院へ運搬し，骨折やねんざの有無，けがの程度を医師の判断で記録と治療に当たり，そこへ保護者も移送する。治療費や保護者が病院へ駆けつけるために仕事を休んだ場合等の費用は，一端すべて学校が負担する。また，教科書等持ち物への落書きや破損が見られた場合も，学校が立て替えて新しい教科書や持ち物を被害者に手渡す。

　その後，学校へ加害者の保護者を呼び，加害状況の説明と治療費や被害者の持ち物の弁償費用を，加害者の保護者へ請求をする。さらに，加害者の保護者の勤務状況や家庭環境について聞き取り調査を行い，家庭環境の把握を行う。いじめの加害者になる可能性は，どんな子どもにも起こりうるが，すべての子どもの家庭環境が整っているとは限らない。ほとんど家庭に保護者がいなかったり，暴力を振るう親族がおり，家庭内での虐待の憂さ晴らしを，学校でのいじめという形で露呈している場合もある。家庭環境が整っていないところへ，加害者を戻したとしても，更正できない可能性もある。そのような場合は，家庭へ返すよりも児童養護施設で様子を見る方が，更正の

いじめの記録

記録作成日： ○年　○月　○日　○時○分
被害者名：
加害者名：

日時	場所	いじめの様態	詳細（何を，どのように）	対応記録
4月15日〜5月10日，12時頃	教室	仲間はずれ	給食時間に仲間はずれになった。	無対応〔把握していなかった〕
4月25日 13時頃	教室	盗難	昼休みに，午後の授業の教科書やノートを机の上に置いて席を立ったら，教科書やノートが盗まれた。	5月10日に把握。教科書にマジックで落書きが見られたため，加害者に弁償させた。
5月10日 16時頃	体育館裏	暴力	加害者が被害者の胸ぐらをつかんで殴った。	5月10日に把握。警察に連絡。被害者を病院へ搬送。被害者の保護者を病院へ移送し，病院にて被害の実態を聞き取り。加害者の保護者を学校へ呼び，家庭での指導可能性を把握。

被害者の気持ち

いじめた理由〔加害者〕

図2　いじめの記録シート

可能性が高い。

　加害者の家庭環境に問題がある場合は，被害者の治療費や持ち物の弁償費用等，学校が立て替えた費用の支払いも拒むケースが多い。加害者が勤労して返済することは適切でないため，加害者の保護者へ請求するほかないが，教科書やノートの弁償費用数千円を保護者が渋る場合は，自分の子どもがいじめをしたことへの反省がないと判断する尺度の一つともいえる。パチンコ等の遊行に投じるお金があっても，弁償費用を拒む場合もあり，そのような家庭環境では，加害者に本心からいじめをしたことを反省させることは難しい。加害者を家庭で更正させるか，施設を検討するべきか，学校が立て替え

た器物破損の弁償費用の支払いを拒むか否かが一つの判断尺度となろう。

3　アンケート調査

　被害者からの訴えがあったり，教室内の観察から，いじめが早い段階で発覚した場合には，いじめの実態を被害者から聞き取ることができる。しかし，多くのいじめは，教師が見ていないところや水面下で起きる場合が多い。軽くたたかれたりしても，被害者自身もいじめと感じていない場合もある。文部科学省の定義では，被害者がいじめと認識した場合がいじめであるとしているが，軽度ないじめが常習化していると，被害者の感覚が麻痺してしまっている場合がある。

　DV（domestic violence）の場合，配偶者から無能な役立たずだとののしられ続けることにより，本人自身も自分のことを無能で役立たずだ，自分が悪いからだと思い込むことはよく知られている。いじめの場合も，常習化することにより，被害者からの訴えが遅れる場合もあれば，被害者がいじめられていると認識していても，仲間はずれになっていることを知られることが恥ずかしいという思いや，一時的なことだから訴えなくてもいいと思い，自ら訴えない場合もある。

　いじめが常習化し我慢しているうちに，被害者の精神状態が不安定になってしまい，人とコミュニケーションをとることが難しくなったり，不登校になり自室に引きこもってしまう場合もある。

　そのような場合は，直接話を聞くのではなく，メールや手紙などの間接的な手段で聞くことによって，心の内やいじめの実態を把握できることもある。しかしながら，それらも拒否するようになってしまった場合や，自殺した後にいじめが発覚した場合は，アンケート調査により把握するほかない。アンケート調査を行っても，被害者には伏せられたままであったり，被害者になかなか公開しようとしない場合もあるが，結果は，まず被害者に公開すべきである。自殺した場合は，保護者がそれらを見ることしかできないが，引きこもっていたとしても，事実と大きく隔たりがあるアンケート調査結果

を見たら，被害者が，メールや手紙等の何らかの方法で，アンケート結果の誤りを訂正するであろう。あくまでアンケートは被害者の訴えを補足するものと位置づけるべきである。そして，アンケート結果を公開してかまわない相手についても，被害者が決めるべきである。

　いじめが起きてから，アンケートを採る必要性が生じた場合のほか，いじめを発見するために，1カ月に1回など，定期的にアンケートを行うことによって，いじめられている人以外の傍観者からいじめの情報を引き出すこともできる。

　一言でアンケートといっても，いろいろな取り方があり，アンケート項目によっては，必要な情報が引き出せない場合もある。そのため，図3にアンケート例を示す。

　「第1部　現代的いじめの特徴」で述べたとおり，9割の子どもたちがいじめを経験していることから，もはや，いじめを受けたことがあるかどうかの質問は不要である。進行中のいじめをとらえることが重要であるため，一定の期間内に何回いじめを見かけたのかを質問する必要がある。また，漠然とした回答欄の場合，具体的な記述をしない生徒もいる。そのため，代表的ないじめの形態に関しては，項目を設け，それが，いつ，どこで，誰が関わっていたのか，明確化する必要がある。

　例として，1カ月に一度いじめアンケート調査を行うことを想定した調査用紙を示したが，1カ月に一度では，早期発見が遅れる場合もある。しかしながら，毎日全員にアンケートを採ることも現実的ではないため，日々の日直が記録する当番日誌と一緒に，いじめ発見シートを，提出してもらうようにするのである。いじめ発見シートの項目は，いじめアンケート調査の項目と同じでよい。日直の目から見て，その日何回いじめを見かけたのか，それはどんないじめだったのかを書いて，教師に直接手渡すようにする。他の生徒に見える状態で提出すると，事実を報告した日直へ報復が行われる危険や，いじめを見かけても日直が書かなくなり形骸化する恐れもある。直接受け取れば，もう少し詳細を尋ね，その日のうちにいじめを阻止するアクショ

いじめ　アンケート調査

質問1　今月何回いじめを見かけましたか？　　[　　　　　]回

質問2　質問1で見かけたいじめについて，わかる範囲で聞かせてください。

1）仲間はずれ
　　見たあるいは聞いた時期 ＿＿＿＿＿＿＿＿＿＿＿＿＿＿＿＿＿＿＿＿＿＿＿＿＿＿＿＿
　　見たあるいは聞いた場所 ＿＿＿＿＿＿＿＿＿＿＿＿＿＿＿＿＿＿＿＿＿＿＿＿＿＿＿＿
　　仲間はずれになっていた人 ＿＿＿＿＿＿＿＿＿＿＿＿＿＿＿＿＿＿＿＿＿＿＿＿＿＿
　　仲間はずれにしていた人 ＿＿＿＿＿＿＿＿＿＿＿＿＿＿＿＿＿＿＿＿＿＿＿＿＿＿＿

2）悪口／からかい
　　見たあるいは聞いた時期 ＿＿＿＿＿＿＿＿＿＿＿＿＿＿＿＿＿＿＿＿＿＿＿＿＿＿＿＿
　　見たあるいは聞いた場所 ＿＿＿＿＿＿＿＿＿＿＿＿＿＿＿＿＿＿＿＿＿＿＿＿＿＿＿＿
　　悪口／からかいを言われていた人 ＿＿＿＿＿＿＿＿＿＿＿＿＿＿＿＿＿＿＿＿＿＿＿
　　悪口／からかいを言っていた人 ＿＿＿＿＿＿＿＿＿＿＿＿＿＿＿＿＿＿＿＿＿＿＿＿

3）落書き
　　見たあるいは聞いた時期 ＿＿＿＿＿＿＿＿＿＿＿＿＿＿＿＿＿＿＿＿＿＿＿＿＿＿＿＿
　　見たあるいは聞いた場所 ＿＿＿＿＿＿＿＿＿＿＿＿＿＿＿＿＿＿＿＿＿＿＿＿＿＿＿＿
　　落書きをされていた人 ＿＿＿＿＿＿＿＿＿＿＿＿＿＿＿＿＿＿＿＿＿＿＿＿＿＿＿＿
　　落書きをしていた人 ＿＿＿＿＿＿＿＿＿＿＿＿＿＿＿＿＿＿＿＿＿＿＿＿＿＿＿＿＿

4）窃盗／器物破損
　　見たあるいは聞いた時期 ＿＿＿＿＿＿＿＿＿＿＿＿＿＿＿＿＿＿＿＿＿＿＿＿＿＿＿＿
　　見たあるいは聞いた場所 ＿＿＿＿＿＿＿＿＿＿＿＿＿＿＿＿＿＿＿＿＿＿＿＿＿＿＿＿
　　窃盗／器物破損をされていた人 ＿＿＿＿＿＿＿＿＿＿＿＿＿＿＿＿＿＿＿＿＿＿＿＿
　　窃盗／器物破損をしていた人 ＿＿＿＿＿＿＿＿＿＿＿＿＿＿＿＿＿＿＿＿＿＿＿＿＿

5）恐喝／強要
　　見たあるいは聞いた時期 ＿＿＿＿＿＿＿＿＿＿＿＿＿＿＿＿＿＿＿＿＿＿＿＿＿＿＿＿
　　見たあるいは聞いた場所 ＿＿＿＿＿＿＿＿＿＿＿＿＿＿＿＿＿＿＿＿＿＿＿＿＿＿＿＿
　　恐喝／強要をされていた人 ＿＿＿＿＿＿＿＿＿＿＿＿＿＿＿＿＿＿＿＿＿＿＿＿＿＿
　　恐喝／強要をしていた人 ＿＿＿＿＿＿＿＿＿＿＿＿＿＿＿＿＿＿＿＿＿＿＿＿＿＿＿

6）暴力
　　見たあるいは聞いた時期 ＿＿＿＿＿＿＿＿＿＿＿＿＿＿＿＿＿＿＿＿＿＿＿＿＿＿＿＿
　　見たあるいは聞いた場所 ＿＿＿＿＿＿＿＿＿＿＿＿＿＿＿＿＿＿＿＿＿＿＿＿＿＿＿＿
　　暴力をされていた人 ＿＿＿＿＿＿＿＿＿＿＿＿＿＿＿＿＿＿＿＿＿＿＿＿＿＿＿＿＿
　　暴力をしていた人 ＿＿＿＿＿＿＿＿＿＿＿＿＿＿＿＿＿＿＿＿＿＿＿＿＿＿＿＿＿＿

7）ネットいじめ
　　見たあるいは聞いた内容 ＿＿＿＿＿＿＿＿＿＿＿＿＿＿＿＿＿＿＿＿＿＿＿＿＿＿＿＿
　　見たあるいは聞いた時期 ＿＿＿＿＿＿＿＿＿＿＿＿＿＿＿＿＿＿＿＿＿＿＿＿＿＿＿＿
　　見たあるいは聞いた場所 ＿＿＿＿＿＿＿＿＿＿＿＿＿＿＿＿＿＿＿＿＿＿＿＿＿＿＿＿
　　ネットいじめをされていた人 ＿＿＿＿＿＿＿＿＿＿＿＿＿＿＿＿＿＿＿＿＿＿＿＿＿
　　ネットいじめをしていた人 ＿＿＿＿＿＿＿＿＿＿＿＿＿＿＿＿＿＿＿＿＿＿＿＿＿＿

8）その他のいじめ
　　内容 ＿＿＿＿＿＿＿＿＿＿＿＿＿＿＿＿＿＿＿＿＿＿＿＿＿＿＿＿＿＿＿＿＿＿＿＿＿
　　時期 ＿＿＿＿＿＿＿＿＿＿＿＿＿＿＿＿＿＿＿＿＿＿＿＿＿＿＿＿＿＿＿＿＿＿＿＿＿
　　いじめをされていた人 ＿＿＿＿＿＿＿＿＿＿＿＿＿＿＿＿＿＿＿＿＿＿＿＿＿＿＿＿
　　いじめをしていた人 ＿＿＿＿＿＿＿＿＿＿＿＿＿＿＿＿＿＿＿＿＿＿＿＿＿＿＿＿＿

図3　いじめアンケート調査用紙例

ンへ移ることができる。ネット時代だからこそ，いじめのようなナーバスな問題に関しては，直接手渡す，顔を見て話すことを大切にしてほしい。

3 ネットいじめのフローチャート

　図4に示すネットいじめフローチャートのスタート地点にたつのは，主に被害者本人である。LINEなどの閉じたネットワークでいじめを受けた場合など，ネットパトロールで見つけることは不可能であり，被害者と加害者と傍観者しか，いじめの実態を把握することができない場合もある。

　もし，被害者本人も，書き込みを見られないようにグループのメンバーからブロックされるブロックいじめを受けていた場合，被害者本人も，いじめの実態を把握することは難しい。そのような場合は，積極的にいじめに加わっているわけではないが，加害者グループからブロックされずにつながっていて，書き込みを閲覧することのできる傍観者にしか，いじめを報告することができない。

　可能であれば，教師や保護者などが，閉じたネットワークの中に加わって，傍観者からの報告を待たずにいじめを早期発見できることが望ましいため，潜入作戦を提案する。SNSの利用にはトラブルが多いと使用を禁止したり，教師や保護者が使用を拒絶していては，解決を先延ばしにするだけで，根本的な解決には至らない。さまざまなSNSに登録し，実態把握に努めることが重要である。いじめが始まってから，教師や保護者が後から閉じたネットワークに加わることは難しいが，スタート地点であればスムーズに加わることもできる。

　グループトークなどは，いじめを行う目的で結成されるわけではない。元来は，新しいクラスやクラブ活動などの連絡網代わりに作られることが多い。つまり，スタート時点では，子ども同士も，まだ親しくない状態である。親しくない者同士の集まりに，教師が参入することは，さほどハードルは高くない。クラスの連絡網代わりであれば，至急連絡したいことができたときに，クラスの全員に連絡できると便利だから，などと，ネットワークに

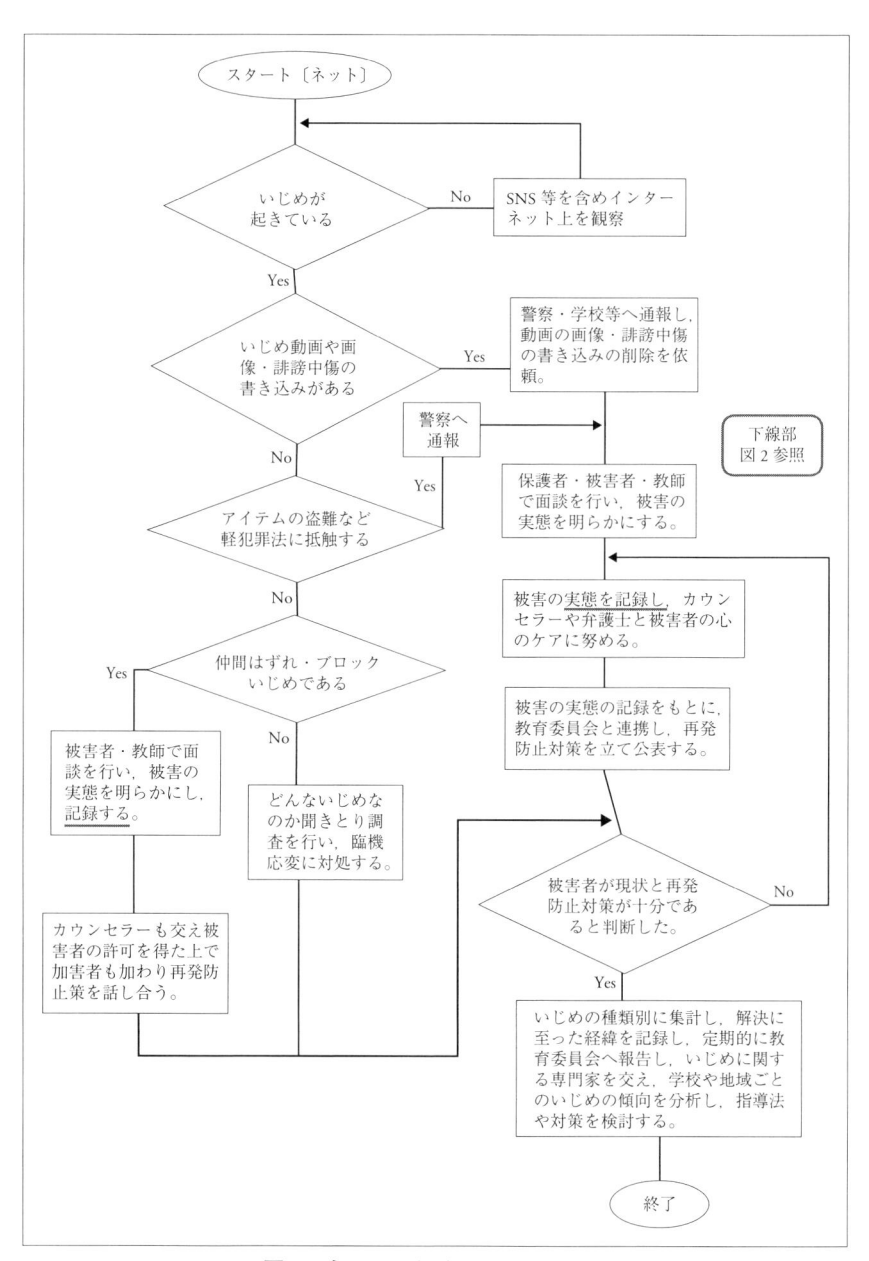

図4 ネットいじめフローチャート

付録 いじめサインを見つけるためのフローチャートとワークシート

加えてもらうのである。その後は，静かに，いるかいないかの存在で十分だ。教師の存在感が大きすぎると，しばらくたつと，第二クラスのグループトークができてしまい，教師の加わっているグループトークは形骸化してしまう可能性が高い。グループトークのやりとりで，一人を攻撃したり，いじめと思われる書き込みを見つけたら，グループトークの中で注意するのではなく，面と向かってリアルな世界で指導することを勧める。

あくまで，教師の利用スタンスは，教師が介入する必要のある大きなトラブルが起きていないか否かを観察することにとどめる方が，潜入作戦は成功する確率は高い。

1986年に起きた中野富士見中学いじめ自殺事件において，担任教師らも葬式ごっこに加わっていたことが，大きな批判を呼んだ。加害者の生徒らの目線で，生徒とかかわっていたために，教師がいじめに加わっているという認識が薄く，あってはいけないことであるが，生徒と同じ思いになってしまい，葬式ごっこに参加してしまった側面もある。もちろん生徒の目線に立って教育を行うことは重要であるが，教師の視点も失ってはならない。生徒と同じような振る舞い，同様な使用方法をしていると，いつの間にか，生徒のペースに引きずられてしまう。実態把握のためには，さまざまなSNSへの登録は必要だが，生徒と同様の使用は不要である。生徒のペースに引きずられないため，そして生徒の模範となるために，書き込む場合の内容は各省庁のアカウント[6]に類した書き込みのみに限り，生徒のペースには乗らないように気をつける必要がある。

4　いじめを未然に防ぐための指導

文部科学省による2013年12月に公開されたいじめ調査〔2012年度実施〕

---

6) 首相官邸 twitter：https://twitter.com/kantei
　首相官邸 facebook：https://www.facebook.com/sourikantei
　内閣府青少年担当 Twitter：http://twitter.com/cao_deyp
　内閣府 facebook：https://www.facebook.com/caojapan

によれば、小・中・高のいじめが19万8,108件と報告された。前年度より3倍近くに増加したが、いじめが増えたとみるより、隠蔽されてきたいじめが、ようやく表に出るようになってきたとみるべきだろう。実態に近い数字というには、まだ不足している。調査の数に表れたいじめは氷山の一角とみるべきだ。

　実際、いじめを未然に防ぐことは非常に難しい。些細なコミュニケーションのずれにより、仲違いをすると、小学生ぐらいの場合、すぐに［絶交した］という言葉を使う。大人が絶交したという場合は大ごとであるが、子どもの絶交の場合、5分後には、仲直りしている場合もある。しかしながら、絶交したときに、複数名おり、一人の子どもをのけ者にして、遊び始めたならば、それはすでに仲間はずれによるいじめの発生である。いじめを完全になくそうとするならば、人と人の関わりを一切絶つほかない。

　絶対に、友達と絶交してはいけないと震撼させるより、いったんは絶交したとしても、友達と過ごした楽しかった思い出や、友達のよい面を見つめ、もう一度関係の修復と構築をする術を教えていく必要がある。いじめのスタート地点では、相手に甚大な危害を加えるようなことはしない。仲間はずれにしたり、SNS等によるブロックいじめである。絶交した子どもが5分後に仲直りするように、いったんは、頭に血が上り、相手を仲間はずれにしたりブロックいじめをしてしまったとしても、直に話をし、相手との溝を埋める努力をし、仲間はずれの解消に努めようという意識を育てることはできる。

　図5にいじめのエスカレートする方向を示した。大半のいじめは、仲間はずれからはじまる。被害者を仲間はずれにした加害者らは、被害者のいないところで陰口をたたき、陰口を言っているところへ被害者が現れると、からかったり悪口を言うという構図が大半である。仲間はずれを経ずに、ノートなどに落書きをするところからいじめが始まる場合もあるため、ステージ1-1：仲間はずれ・ブロックいじめ、ステージ1-2：からかう・悪口・落書きとした。いじめは、矢印の方向へエスカレートしていく。

　ステージ1の段階でいじめを阻止することは十分に可能である。いじめを

```
                    ステージ 3：ひどく叩く・恐喝・暴行等
                    ステージ 2：軽く叩く・窃盗・器物破損等
                    ステージ 1-2：からかう・悪口・落書き等
                    ステージ 1-1：仲間はずれ・ブロックいじめ等
```

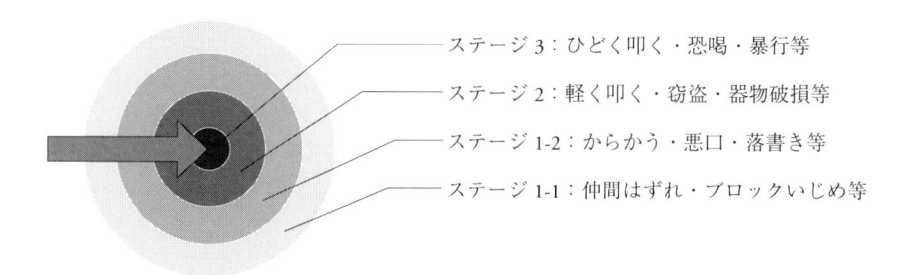

図 5　いじめのエスカレートする方向

　発見したら，教師や大人が絶対にいじめを許容しないという厳格な態度で臨み，子どもたちへいじめについて教育が浸透していることが，必要要件である。仲間はずれの段階だからだとか，少し落書きすることは子どもによくありがちだと，ステージ 1 のいじめの段階で様子を見ようとしたり，大人が厳格な態度をとらないと，子どもたちはいじめをしてもいいと錯覚し，徐々にエスカレートすることになる。

　残念ながら，すべての教師や大人が絶対にいじめを許容しないという厳格な態度で臨むことができるとは限らない。以前（私が大学に勤務するようになってからのことなので，大昔のことではない）「悪口を言った，落書きをしたからと，いじめの加害者を叱ることには抵抗がある。いじめられる側にも問題がある場合がある」と，平然と答える中学校の教師と話をしたこともある。「うん，うん」と一通り話を聞いた上で，「あなた〔中学校の教師〕自身は，いじめられている生徒のことをどう見ていますか？」と尋ねたところ，「ほんと自己中心的で困る生徒だ」とのことだった。そのため私は「いじめられている生徒には，よいところはないのですか？」とその中学校の教師の方に尋ねると，まじめで，自分のことを一生懸命やるところがよいところといえるが，それ以上に自己中心さが目につくとのことだ。いじめられている生徒の両親が，学校へ相談に来ており，いじめられている生徒は不登校になっている状態でのことだ。いじめられている生徒の両親が学校へ来たと

きには，校長・教頭とともに両親と面談し，管理職の手前，いじめを行わないよう指導し，不登校の生徒については保健室登校を勧めたとのことだ。

どうやら，この教師は，いじめられる側にも問題があるという強い信念を持っており，考えを改めてもらうには，かなりの時間を要する様子だった。このような教師がいる限り，いじめをエスカレートさせることを阻止すること，ましてやいじめを未然に防ぐことはできない。いじめられる側にどんな問題があろうと，いじめてよい理由にはならない。この点を，まず，すべての教師に徹底した認識をさせることが急務な課題であろう。

一生彷徨うこともよいとはいえず，揺るぎない自分の信念を持ち生きていくことは重要であるが，誤った信念は改めるべきであるが，固まった人の信念を覆すことは非常に難しい。「人間は，努力するかぎり迷うものである」というゲーテの『ファウスト』に示されている言葉のように，努力し続けている限り，自分の信念自体も，常にこれでよいのか，他にもっとよい，新しいものはないのかと，迷い続けているため，努力を続けている人であれば，自分の信念に反することを聞いても，それを受け入れ，自分のものにできるが，そうでない人もいる。

そこで，まず教師への指導の指針を述べる。いじめは９割の子どもが経験していることであるにもかかわらず，認知されるいじめは，ほんのわずかである。認知されていないいじめを発掘することにより，早期発見，早期解決，そしていずれはいじめを未然に防ぐことにつながる。しかしながら，いじめられる側にも問題があると少しでも思っている教師をすべて排除することも考えを改めさせることも困難な現状では，制度により整える方が解決が早い。文部科学省の実施している教員評価システムの取組[7]には，賛否両論ある。文部科学省は，具体的なところまで明示していないために，都道府県の教育委員会の実施方法によっては，教師の意欲を失わせたり，本質的な教

---

7) 教員評価システムの取組　http://www.mext.go.jp/b_menu/houdou/22/10/attach/1298542.htm

育を行っている教師が低い評価になってしまうなどの弊害もある。弊害が起きるのは実施方法が適切でないためだ。学校によっては，クラスでいじめが起きたら，教員評価システムでマイナス評価をつけられるシステムになっているという話を聞いたことがある。これでは，いじめの早期発見はおろか，隠蔽体質を拡散させるだけだ。

　この教員評価システムは，下記の1）〜8）のような手立てをとることにより，いじめの早期発見・早期解決に役立てることができる。いじめの発見・解決に対して，高い評価が与えられるように加点・減点し，問題のある対応には懲戒処分をするのである。

1）いじめを発見した教師には，いじめ1件あたり＋1点加点する。
2）様子を見るのではなく，いじめを解決するための具体的な手立てをとった教師には1件あたり＋1点加点する。
3）いじめを解決できた教師には，＋5点加点する。
4）いじめを1年間に一度も発見できなかったクラス担任を持つ教師は10点減点する。
5）いじめられた生徒が学校で自殺した後に，学校に残された遺書の隠蔽をはかった管理職等は懲戒処分とする。
6）自殺した生徒の自殺の原因を調べるために，アンケート等の実態を把握する手立てを講じなかった管理職は懲戒処分とする。
7）自殺した生徒の自殺の原因を調べるために実施したアンケート調査結果を，生徒の両親の閲覧を拒んだ管理職等は懲戒処分とする。
8）いじめの加害者側に荷担したら懲戒処分とする。

　このような制度作りをすることにより，いじめはいじめられる側にも問題がある等の，非常に残念な考えを持っている教師がいたとしても，ある程度，健全にいじめ早期発見・解決・対応が機能し，この制度を10年続けることにより，制度による浄化作用が働き，いじめの兆候が見られたら即座に対応できるようになり，いじめを未然に防ぐことができるようになる。

　制度を実施するためには，周辺的な環境の整備も必要である。いじめを発

見するトレーニングやワークショップを開催したり，いじめを解決するための具体的な解決策を学んだり，いじめを発見したとき，相談を受けたときに，相談できるネットワークの構築が必要だ。大まかな対応については，本書のフローチャートで示したが，個々のケースによっては，ステップを追加したり，補充しなければいけないこともある。問題が起きたときに，相談できるようなシステムが必要だ。学校カウンセラーの制度は，非常に理想的であるが，学校によっては，非常勤のカウンセラーしかおらず，しかも非常勤のカウンセラーは，週に2校，3校掛け持ちをしており，さらに正規雇用でなく身分が安定していないため，正しいことであっても，管理職の意に背く対応を躊躇したりするケースがある。予算の関係で掛け持ちをせざるを得ない場合であっても，教育委員会付けの職員などの位置づけとし，正しいと判断した行動を，学校の管理職の顔色をうかがうことなく，専門職としての判断で実行できるようにしなければ，形骸化してしまう。カウンセラーの中には，サイバー犯罪などには疎く，ネットいじめの対応が得意でない場合もある。学校とは独立した立場にあり，学校の管理職に顔色をうかがうことなく，適切な対処法を提案でき，かつ，全国すべての学校の教師がいつでも相談できるシステムを用意することが望ましい。

　次に，生徒への指導指針を述べる。元来，いじめっ子，いじめられっ子などがいるわけではない。どの生徒でも，いじめの加害者・被害者になる可能性がある。そのため，普段の道徳や各教科の授業，生徒指導や学校生活全般において，以下の5点を教える必要がある。

1) 生命の尊重
2) 人権の尊重
3) 法律の尊重（法治国家であること）
4) 正義感や判断力
5) 道徳性と倫理観

　生命を尊重する心が備わっていれば，相手に暴力を振るったり，いやがることを強要できないし，人権を尊重する心が備わっていれば，ネット上に誹

誹中傷を書き込むなど，相手の尊厳を傷つけることはできない．学校の中でも法律が遵守されることを知っていれば，他人のものを盗んだり，器物破損をしたり，暴力を振るうことはしない．正義感や判断力が備わっていれば，いじめの傍観者となり，見て見ぬふりをすることなく，率先していじめを制止する行動をとることができる．道徳性と倫理観が備わっていれば，自らのルサンチマンを適切にコントロールし，嗜虐性に向かわせることはなく，理性の高い大人と同様に，いじめをしなくなり，いじめを未然に防ぐことにつながる．

5 被害者への対応

　いじめ被害者への対応のフローチャートを図6に示した．いじめの被害者への対応の唯一の目標は，いじめがない頃の生活に戻すことである．いじめ被害者も，いじめが起きる前には，学校の集団などで，楽しく学んでいたのである．保健室登校や別室登校などは，一時的な対処療法に過ぎず，根本的な解決ではない．むしろ，解決を長引かせる危険があるため，積極的に推奨する対処療法ではない．対処療法を行うよりも，何が起きたのかをきちんと明らかにし，時系列で経緯を記録し，いじめが起きた要因を一つずつ取り除いていく作業により，いじめの根本的な解決につながる．

　しかしながら，いじめが発覚した時点で，すでにいじめが長期化していると，精神に支障を来してしまっている場合もある．これについても誤解している教師がいるため補足しておく．精神疾患があるためにいじめが起きる場合も完全否定はできないが，いじめが長期化することにより，自分に自信が持てなくなり，おどおどし，挙動が落ち着かなくなり，精神が病気になってしまう場合も少なくない．いじめの被害は，暴力によるけがや心が傷ついたというだけではなく，精神を病ませてしまうこともある．もし長期化したならば，人生において大切な時期を狂わせることになり，甚大な暴力に値する．病があったからといって，いじめをしてよいという理由にならないため，病が元来のものであるかどうかは特に突き詰める必要はなく，原則とし

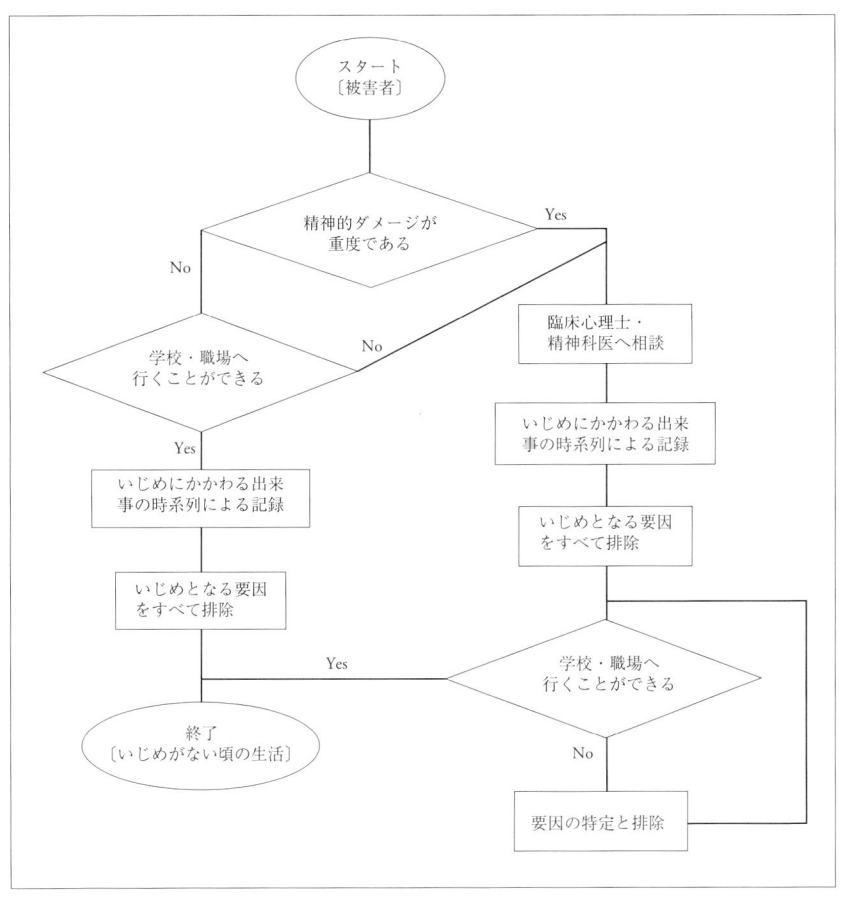

図6　いじめ被害者への対応のフローチャート

て，いじめが原因で病になったと判断し，対応を進めるべきである。

　いじめの要因が排除されて，病が治ればよいし，いじめの要因が排除されても病が治らないならば，継続して経過を見守りつつ対応を続ける必要がある。

　いじめがあっても，学校や職場へ行くことができるならば，経緯を記録した上で，いじめとなる要因を排除し，いじめが起きる前の状態を保つことが

できるようにすれば十分である。

6　加害者への対応

　いじめ加害者への対応は，いかなる理由があったとしても，いじめてはならないという原則の下で行う。いじめる・いじめられるの関係において，その地点では，いじめる側は優位な立場に立っている。いじめる側がその時点で不登校になることはないが，教師の制止を無視して水面下でいじめを続行する場合もあるため，ことの経緯が明らかになり，いじめの要因を排除できるまで，いじめの被害者といじめの加害者を隔離することが望ましい。経緯を明らかにした結果のステージごとに異なる。

ステージ1であった場合：

　悪口を言う，ブロックいじめ，仲間はずれなどステージ1の場合は，加害者と加害者の保護者を学校へ呼び，被害者から聞き取ったいじめの経緯の確認を行い，冤罪を防ぐため，事実確認を行う。事実であれば，いじめを絶対にやらないことを約束させる。スマートフォンなどを利用したネットいじめの場合，アカウントのパスワードを保護者と教師に教えるか，アカウントの削除をさせる。加害者のアカウントが稼働できる状態である以上，いつでもブロックいじめを再開させることになる。そのため，いじめを行ったアカウントは削除することが望ましいが，削除することによるデメリットを考え，どうしても削除したくない場合は，教師や保護者も加害者のアカウントでログインできるようにし，しばらく，継続したチェックを行う必要がある。再びネットいじめを再開させる気配がないと認められたら，利用を再開させてもかまわない。

　また，学校でのいじめの場合，休み時間や登下校時などにいじめを行う可能性がある。そのため，昼休みと登下校時間，被害者が自宅から学校に来るまでの間と，学校から自宅に帰り着くまでの時間帯は，加害者を学校で待機させるとよい。初めのうちは，いじめたことへの反省文を書かせるなどの指

導を行い，ある程度落ち着いてきたら，宿題をやる時間にするなど，過ごし方は自由であるが，被害者と接触しないように，配慮する必要がある。

ステージ2であった場合：

　軽く叩く・窃盗・器物破損等，ステージ2の場合には，刑法に触れる犯罪との境界領域である。犯罪の領域にあれば，警察に届けた上で，指導を行う必要がある。発覚したら，保護者といじめの加害者にたいし，被害者から聞き取ったいじめの経緯の確認を行い，冤罪を防ぐため，事実確認を行う。事実であれば，いじめを絶対にやらないことを約束させる。ステージ2に進んだいじめの場合は，授業中であっても堂々といじめを行う場合もある。そのため，登下校や，昼休みに限らず，3カ月，あるいは半年間は，別室登校を行わせる。別室登校では，授業で行われた内容を元に，自学自習を行う。

　いじめられた生徒を別室登校にすることは，二次被害ともいえる。一人で学べることの他に，集団の中でしか学べないことはたくさん存在する。いじめの被害に遭ったからといって，集団の中で学ぶ機会を阻害することは，適切ではない。

　いじめた加害者も，集団の中で学ぶ機会を阻害することは，望ましくないが，特定の集団の中で，いじめの被害者と加害者を共存させることは，いじめの被害者にとって不利益となるため，根源となるいじめの加害者を隔離することが必要だ。もちろん，隔離されてもインターネットが使える環境であれば，ネットいじめを継続するあるいは新規に行う危険があるため，いじめの加害者は，隔離期間はインターネットを利用できない環境とする必要がある。いじめの加害者を，被害者から引き離すために別室登校にさせて功を奏したという事例は，本文でも示したように，カナダやアメリカにたくさんある。むしろ，カナダやアメリカ等では，いじめの加害者を別室登校にさせることが当たり前になっている。

ステージ3：

　ひどく叩く・恐喝・暴行等ステージ3の場合は，刑法に抵触するため，必ず警察に届けることが必要だ。その後起訴され少年院等に行く場合もあるが，それもやむを得ない。若年期にあやふやな対応をとったために，法を犯しても謝ればなんとかなるという考えを持つようになり，大きな犯罪を犯す危険がある。後に大きな犯罪を犯す前に，学校段階であっても，犯罪を犯した場合は法律が適用されることを学ばせることが，長い目で見れば加害者にとって有利である。

　少年院から戻れば，また同じ学校に戻ることになるが，戻った後にも再度暴力事件を犯すケースも少なくない。そのため，家庭環境を見極め，養護施設の方が，本人の健全な成長のために適切だと判断されれば，家庭よりも養護施設の方がよい場合もある。

　恐喝や暴行は絶対いけないことを学ばせ，再び犯させないことが重要である。

索　引

【あ】
いじめ 4
いじめた側向けの指導カリキュラム 49
いじめの定義 14
いじめられた側を排除しない 48
威力業務妨害 38
うざい 54
嘘 50
炎上 38
エンターテインメント化 58
お通夜ナウ 86
オンラインゲーム 36

【か】
加害経験 11
陰口 120
過剰利用 36
仮想世界 80
学校裏サイト 45, 138
関係性攻撃 91
観衆 61
偽善者 86
既読 17
既読疲れ 31
既読無視 18
器物破損 171
キモキャラ 63
キャンパスポリス 136
恐喝 4

恐喝罪 169
キョロ充 156
屈辱的な言動 49
グループトーク 17
ぐるちゃ 18
軽犯罪法 171
ゲームっ子世代 38
現代的傍観者 94
言動 114
公然わいせつ罪 38
ゴシップ 50
個人情報や秘密の公開 50
固定された人間関係 46
コミュニケーションのずれ 27
孤立 106
コントロール 92

【さ】
サイバー空間 31
参加型のエンターテインメント 63
嗜虐性 90
自殺 13
四面楚歌 85
自由権 76
集団主義 46
出席停止 48
傷害罪 169
情報発信 39
情報リテラシー 34

人権 76
スクールポリス 136
ストーカー行為 50
スマートフォン 22, 139
スリーパー効果（sleeper effect）65
責任分散 95
窃盗罪 171
早期発見 5
葬式ごっこ 47
ソーシャルメディア 16
ソーシャルメディア疲れ 31
即レス症候群 17

【た】
多元的無知 95
多様性についての教育 48
注目を集める動画・画像 38
ちょっかい型 156
盗撮動画 38
匿名性 76
匿名性の廃止 45

【な】
仲間はずれ 39, 50, 105
なりすまし 39, 50
二極化 36
ネットいじめ 14, 42
ネット依存 31
ネット詐欺 34
ネト充 122, 156

【は】
排除 48
暴露系のネットいじめ 42
ハラスメント 49
犯罪 4
ヒエラルキー構造 50
被害・加害のハードル 20
被害経験 11

ひきこもり 48
誹謗中傷 39, 50
暇つぶし 37
秘密を暴露 42
評価懸念 95
表情 114
フローチャート 169
ブログ 138
ブロックいじめ 18, 116
プロバイダ法（特定電気通信役務提供者の損害賠償責任の制限及び発信者情報の開示に関する法律）60
プロフ 138
閉鎖性 46

【ほ】
傍観者 61
暴行 4
ポルノ画像 38

【ま】
学ぶ権利 48
見かけ 114
無視 39
モリシャメ 122

【や】
闇サイト 77

【ら】
ランチョン・テクニック 71
リア充 122, 156
リアルな世界 42
リアルな接点 42
リゾーム（地下茎）43
リゾーム的増殖性 50
流動型 156
リンデンドル 80
ルサンチマン 89

ルサンチマン型　157

【わ】
話題のすり替え　133
悪口　120
悪口　39

【アルファベット】
Bitcoin　80
Facebook　119
ISP（Internet Service Provider）　55
KS（既読スルー）　16
LINE　16
QQ コイン　80
RSI（Repetitive Stress Injury：反復性ストレス障害）　35
SNS　27, 117
Twitter　119
VDT（Visual Display Terminal）　35
Web サイトの検閲制度　45

◆著者略歴

加納寛子（かのう・ひろこ）

東京学芸大学・大学院修了，早稲田大学大学院博士後期課程単位取得退学。山形大学准教授。新しいメディアと人との関係，ネットいじめやサイバー犯罪，情報リテラシー教育について研究。

主要著書『即レス症候群の子どもたち』（日本標準），『ケータイ不安』（NHK出版），『チャートで組み立てるレポート作成法』（丸善），『情報社会論』（北大路書房），『文部科学省検定教科書　情報科用「社会と情報」「情報の科学」』（数研出版）等がある。

いじめサインの見抜き方

2014年7月1日　印刷
2014年7月10日　発行

著　者：加納寛子
発行者：立石正信
発行所：株式会社 金剛出版
　　　　〒112-0005　東京都文京区水道1-5-16
　　　　電話 03-3815-6661　振替 00120-6-34848

本文レイアウト　志賀圭一
印刷・製本　日本ハイコム

ISBN 978-4-7724-1373-2 C3011 Printed in Japan ⓒ 2014

認知行動療法を活用した
子どもの教室マネジメント
社会性と自尊感情を高めるためのガイドブック

［著］ウェブスター・ストラットン　［監訳］佐藤 正二，佐藤 容子

●B5判　●並製　●266頁　●定価 **2,900**円+税
●ISBN978-4-7724-1314-5 C3011

子どもの自尊心を高め，教師のやる気を引き出すプログラム。
教師と親が協力する方法を探る，実践的な学級マネジメント指導書。

CRAFT
ひきこもりの家族支援ワークブック
若者がやる気になるために家族ができること

［編］境　泉洋，野中 俊介

●A5判　●並製　●216頁　●定価 **2,800**円+税
●ISBN978-4-7724-1324-4 C3011

若者がやる気になるために家族ができることとは？
認知行動療法の技法を応用した，当事者と家族のための治療プログラム。

子どものソーシャルスキルとピアサポート
教師のためのインクルージョン・ガイドブック

［著］R・ジャネイ，M・E・スネル　［監訳］高野久美子，涌井　恵

●B5判　●並製　●180頁　●定価 **2,800**円+税
●ISBN978-4-7724-1181-3 C3011

インクルーシブな学校教育の中で，障碍の有無にかかわらず，
子ども同士がサポーティブな友達関係を築くためのガイドブック。